제8회 한국가곡예술인상 시상식

한국가곡예술인상 축하 케잌 커팅

박영원 고문, 임승대 시인에게 상패와 수상금 전달

하옥이 고문, 장미숙 시인에게 상패와 수상금 전달

박영원 고문의 격려사

박영애 부회장의 사회

수상자와 고문

수상자 임승대, 장미숙 시인

임승대 시인의 수상소감

장미숙 시인의 수상소감

신영옥 자문위원의 인사말

이한현 감사의 인사말

윤준경 윤리위원과 장미숙 부회장

신영옥 자문위원과 임승대 수석부회장

현수막

임승대 수석부회장, 김도연 사무총장에게 임명장 수여

축가-윤준경 윤리위원장

김도연 시인-수상자의 수상작 시 낭독

박영애, 윤준경, 김도연 시인

임승대 수상자와 사회를 맡은 박영애 시인

상패와 수상금

신영옥 자문위원과 박영애 부회장

행사를 마치고 회의 중

춘계 시화전 답사

경기지부 사무실에서

경기지부에서

김도연 사무총장

답사 현장을 둘러보며

현장 답사를... 김도연 사무총장

임승대 수석부회장 현장 답사 중

임승대 수석부회장과 김도연 사무총장

하현우 작가와 김도연 사무총장

2022

제30호 노래시집

시는 노래가 되어

♪한국가곡작사가협회
www.jaksaga.com
https://cafe.daum.net/hangukgagokjsg1990

■서문■

제30호를 발간하며

　지금 세계는 코로나19로 인해 많은 사람이 희생되었고, 아직도 일상에서 사람들은 많은 불편을 겪으며 시간과 만남, 생활 전반에 걸쳐 크게 제약당하고 있습니다.
　그동안 나는 어느 누구보다 건강에 자신감이 넘쳤기 때문에 코로나 바이러스에 대한 두려움이 없었습니다. 그래서 진료도 하면서 많은 환자들과 접촉을 하다 보니 그만 코로나 바이러스에 감염되어 지금은 회복 중에 있습니다.
　세계 곳곳에 바이러스가 침투하여 어려움을 겪고 있는 중인데 와중에 러시아와 우크라이나의 전쟁으로 많은 사람들이 죽기도 하고 정들었던 집을 떠나 다른 나라로 피난 가는 행렬이 이어지는 것을 보면 안타깝기 그지없습니다.
　임승대 수석부회장이 저를 대신하여 모든 업무를 맡아 2022년도 사업계획을 세워서 제30호 '시는 노래가 되어' 책 출간을 위해 원고를 모으고, 시화전을 위해 준비 중에 있으며 제8회 문학상 시상식도 하였습니다.
　그리고 행사 중 가장 으뜸이 되는 독창제, 합창제, 중등독창제 등 발표를 위하여도 차분히 준비하고 있으리라 믿으며 함께 애쓰시는 고문님들을 비롯해 전 회원님들께 깊은 감사의 말씀을 전합니다.

병원을 오고 가는 몇 개월 동안 건강보다 더 소중한 것이 없다는 것을 깊이 깨닫고 있습니다. 그리고 얼마 후면 회복하여 회원님들과 함께 하리라는 기대감으로 재활치료에 노력하고 있는 중입니다.

회장으로서 소임을 다하지 못함을 지면을 통해 죄송하다는 말씀을 드립니다.

임승대 부회장님이 수고의 짐이 무거우신데 회원님들께서 많이 도와주시길 부탁드립니다.

2022년 4월에
김석근 회장

목차

서문 · 김석근 회장

1부 백두산

강에리 | 백두산 외 2편   15
고정현 | 가는 계절 외 2편   18
공영란 | 아픔을 지우고 기억을 소환하니 외 2편   21
곽금남 | 그대를 만나고서 외 2편   24
구용수 | 당신 덕분에 외 2편   27
김도연 | 산수유 마을 외 2편   30
김미형 | 아버지의 뒷모습 외 2편   33
김석근 | 진양호의 봄 외 2편   36
김영주 | 봄의 노래가 좋다 외 2편   39
김재규 | 그리운 이모 외 2편   42
김재원 | 그럴 때마다 외 2편   45
남민옥 | 봄꽃이 필 때면 외 2편   48
류준식 | 그대 그리움 외 2편   51
류한상 | 고맙소 외 2편   54
문경훈 | 밤비는 오는데 외 2편   57
문상금 | 한라산 단풍 외 2편   60

목차

2부 코스모스

박영만 | 코스모스 외 2편   65
박영애 | 벼랑 끝에서 외 2편   68
박영원 | 봄맞이 외 2편   71
박정재 | 봄이 오는 소리 외 2편   74
박종대 | 행복을 주는 사람 외 2편   77
배건해 | 분홍빛 회상 외 2편   80
배병군 | 3.1절과 유관순 열사 외 2편   83
성명순 | 사월의 사랑 외 2편   86
신상철 | 당신은 누구요 외 2편   89
신영옥 | 둘레길을 걸어요 외 2편   92
신충훈 | 할미꽃 이야기 외 2편   95
안선희 | 봄빛 외 2편   98
양점숙 | 침목과 들꽃 외 2편   101
엄원용 | 봄바람 외 2편   104
오수경 | 길 위에서 외 2편   107
오연복 | 희망의 화살표 외 2편   110

목차

3부 3월이 오면

오태남 | 3월이 오면 외 2편　115
윤준경 | 꽃그늘 아래서 외 2편　118
이광녕 | 투정도 사랑인걸 외 2편　121
이금미 | 청보리밭에 가면 외 2편　124
이기영 | 인연의 고향 외 2편　127
이미옥 | 새벽길 외 2편　130
이민숙 | 독도　133
이복현 | 광화문 외 2편　135
이율리 | 밥 외 2편　138
이한현 | 오월의 사랑나무처럼 외 2편　141
이희선 | 사부곡 외 2편　144
임승대 | 내 마음의 별 외 2편　147
임재화 | 난초 외 2편　150
장미숙 | 탄생 외 2편　153
장윤숙 | 도화꽃 사랑 외 1편　156
전관표 | 비 그치고 나면 외 2편　159

목차

4부 나는 햇빛도 달빛도 좋아한다

전산우 | 나는 햇빛도 달빛도 좋아한다 외 2편 165
전세중 | 나의 길 걸어가리 외 2편 168
전호영 | 봄산 외 2편 171
정희정 | 봄비 외 2편 174
조영황 | 사랑의 향기 외 1편 177
조 해 | 봄의 전령사 외 2편 179
주웅규 | 홍매화 외 2편 182
지성해 | 오선지에 옮겨라 외 1편 185
차용국 | 비가 오는 날이면 외 2편 187
채현석 | 인생 외 2편 190
최숙영 | 어머니의 강 외 2편 193
최윤희 | 가을 강가에 서서 외 2편 196
최종원 | 그대가 꽃이라면 외 2편 199
하옥이 | 인연 외 2편 202
한문수 | 꿈길로 오소서 외 2편 205
홍윤표 | 노란 수선화 외 2편 208

목차

부록

I. 한국가곡작사가협회 정관　213
II. 한국가곡작사가협회 연혁　219
III. 노래시집 발간 현황　222
IV. 역대 회장 명단　223
V. 역대 한국가곡예술인상 수상자 명단　224
VI. 2022년 회원 명부　224
VII. 회가　226

1부
백두산

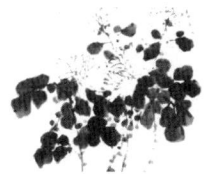

백두산 외 2편

강 에 리

비단에 수놓은 듯 오색 꽃 경연하는 곳
태고적 신비 가득한 천지
파란 눈으로 하늘 바라보고 있지

할아버지의 할아버지 때부터
지켜오던 신성한 백두산
오늘은 나그네 되어 오르네

천지가 울면 비가 온다는데
주인 바뀐 그 땅은
맑은 날보다 흐린 날이 많아
순례자의 접근을 거부하네

천지가 운 다음 날은
마법처럼 찰나의 햇살에도 꽃은 피지
안개 속에서 때를 기다린 꽃들이
일제히 기지개를 켜고 꽃망울을 터트리지

황혼

지금은 오후 다섯 시 반
이월의 짧은 해는
마지막 이별의 시를
하늘에 씁니다
조금씩 차오르는
주홍빛 슬픔을 토해
하늘을 물들입니다
눈물도 흐느낌도 없는
불덩이 하나 가슴에 걸린
아픈 이별입니다

지금은 오후 다섯 시 반
이월의 짧은 해는
마지막 이별의 시를
하늘에 씁니다
침묵하는 빌딩을 뒤로하고
아무도 환송하지 않는
도시를 지나
조금씩
밤으로 미끄러져 갑니다

그대 항상 나를

벚꽃에 끌려 하늘만 바라보다
비 온 후에 울었어요
이제 가지에 꽃지고
서러운 잎새만 피어올라요

눈물 떨구다 발길 멈춘 곳에
피어있는 아름다운 꽃
돌아보니 작년부터
그 자리를 지켜왔건만
왜 몰랐을까요

그대 항상 나를 보고 있음을
나 울 때 같이 아파했음을
나 다시 눈물 흘린다면
이제 그대 위해서일 거예요
이제 그대 위해서일 거예요

강에리
소설가, 작사가, 시인, 월간신문예 기자,
국제펜한국본부, 한국문인협회, 한국소설가협회,
한국가곡작사가협회 사무국장, 한국국보문인협회
SF소설 「루시 이야기」 단편소설 「돌아오지 않는 강」 외 다수
시집 『단 하나의 꿈』 가곡작시 「빗물의 연서」 외 다수

가는 계절 외 2편

고 정 현

계절은 서서히 무너지고 있다
진갈색 옷은 바삭바삭 깨어져
바람에 붙잡혀 이리저리 뒹굴며
흥분을 참지 못한 붉은 단풍은
제 분을 못 이겨 자지러지고
하늘거리며 유혹하던 은행잎은
도로를 노란색으로 도색 한다

계절이 가고 있다
척추 몇 대가 금이 간 것처럼
척추 몇 대는 부러진 것처럼
내장이 파열된 것처럼
호흡이 가늘어지는 것처럼
온몸이 무너지는 것처럼

계절 따라 인생도 가고 있다
제초제를 뿌린 것 같은 머리는
민둥산의 평수를 넓히고 있고
넓은 평야 같았던 등은
갈아엎은 밭 주름 같아진다
계절만큼 세월도 빠르게 가고 있다
인생도 서서히 무너지고 있다

고목

한 그루의 나무가 되자
흔들림 없는 고목이 되어
그 자리에 서 있자

누군가
더위에 지치면
가지 흔들어 바람 일으키는
그늘이 되어 주어
잠시라도 잠이 들게 하자

비가 오거나 눈이 오면
가지를 모아 지붕이 되게 하고
추위에 힘들어하면
낙엽 떨어뜨려 그 몸을 덮어 주자
따뜻하고 편안하게 해 주자

그래
나무가 되어 주자
그 자리에 그대로의 자세로

그리움이

그리움이
별을 앞세워 나서는 날이면
술의 품에 안긴다
포근하지 않고
따뜻하지도 않지만
취한 몸
뒤척이는 시간 동안이라도
그리움의 숨소리는 잦아들고
보고 싶음이 잠들어 버리기 때문이다
그리움이
별 뒤에 숨어버리는 밤이면
미움과 둘이서 잔을 마주한다

고정현
경기 연천, 문학21 시 등단, 시서문학 수필 등단,
경기시인협회 이사, 문예마을 고문, 한국미소문학 고문,
시와 창작 편집 자문위원, 가울문 동인,
한국가곡작사가협회 이사, 한국 페트라 시 음악협회 이사
한국문학발전상, 한국미소문학문학대상,
2019자랑스런한국인 대상(문학부문)외
시집 『붉은 구름이고 싶다』, 『꼴값』, 『바다에 그늘은 없다』
『기억과 리을 사이』, 소설집 『진상리』, 가곡작사 「어머니」 외 5곡

아픔을 지우고 기억을 소환하니 외 2편

공영란

머물고 싶어도 머물 수 없었던 아쉬운 시절
꺼 집어 펼쳐보아라 아픔만 가중된다하여도
조금은 구체적인 내면을 꺼 집어 펼쳐라
소중한 시간이다 모두가 내 과거 내 것이라
끄집어 펼쳐보니 한 폭의 수채화 같고
아름답고 디테일한 영화로구나
우리의 사랑이 가득 담긴 소중한 과거라서
아름다운 수채화 같은 명화로다
명화로다

난 네가 너무 좋아

오늘처럼 향기로운 바람 불어오면
그을려 주름진 얼굴에 새하얀 머릿결만
바람에 날린다 해도

난 네가 너무 좋아
봄내 가득 담은 따스한 너만 보게 돼

그때처럼 꽃잎같이 봄의 두근거림
웅크려 수척해 추억만 더듬는 모습으로
바람만 탓한다 해도

난 여전히 네가 좋아
더 붉어진 마음 당신 사랑이 보이거든

희미해져 사라질지 모를 추억처럼
언젠가 우리를 시샘해 이별이 찾아와서
그리움까지 바래진다 해도

난 영원토록 네가 좋아
내 삶의 여정 당신은 내 사랑이니까

사랑은 그리움으로 노을이 되고

여로에 지친 젊음의 열정 어디로 갔을까
계절의 찌든 사연들 빛바래기로 그림자 망각하면
마주 볼 투명한 거울 하나 마련하지 못한 채
취기에 오른 듯 붉게 변해가는 서쪽 하늘
가슴 끌어안고 포근히 어깨 감싸는 노을
사랑은 그리움으로 말없이 아름답다

가슴 파내야 할 사연 아직 많이 남았지만
대단한 궤변으로 속 살 내보이는 황당함은 그저
마음 꺾일 때마다 막막할 따름 감출 수 없던
욕심 버리고 화장 다 지운 민얼굴이 되어
어두워지기 전 가슴에 문신처럼 새기며
저무는 노을 속 지친 당신을 사랑하리라

벅찬 가슴 사랑은 그리움으로 노을이 되고
깜깜할수록 더욱 분명해지는 너를 느낀다

공영란 시인, 수필, 작사가
한국작사가협회 이사, 제주N뉴스 자문위원,
종합문예유성 총무국장, 한국수필문학상,
신정문학 시부문 우수상 수상 외 다수

그대를 만나고서 외 2편

곽 금 남

그대를 만나고서 두근대는 가슴 속에
들길 따라 무수히 피오르는 아지랑이
개울가에 하늘하늘 춤추는 산수유
하늘 높이 솟아오르는 종달새 보았네
그대를 만나고서 출렁이는 가슴 속에
여름밤에 울려오는 별들의 노래
산자락 타고 흐르는 단풍 물소리
언 땅에 싹 트는 씨앗 숨결 들었네

피는 꽃은 피어날 수 있게

생기 다해 지는 꽃은 어찌할 수 없어도
새로 피는 꽃은 피어날 수 있게 하옵소서
이슬 머금고 벙그는 꽃을 보았지요
아픔 속에서 긴 기다림 속에서
이제 겨우 힘겹게 피어나는 꽃들
활짝 피어날 수 있도록 손뼉 쳐 주옵소서
이 적은 눈물로는 그 아픔 대신할 수 없어요
이 작은 사랑으론 그 기다림 감당할 수 없어요
하지만 살아 숨 쉬는 동안
우리들 삶의 언저리에서, 두 눈에 글썽이는
이웃의 그 아픔 한 방울만이라도
감싸 안을 따스한 손을 갖게 하여 주옵소서

그대 떠난 날

초록의 짙은 설움 고이고 고여
울긋불긋 진저리치고 그대 떠난 날
흰 구름 감아 선 백운대 올라
하염없는 눈물은 단풍 되어 흘렀다오
허탈한 웃음으로 달래고 달래
바람 소리 잠겨 드는 가을 햇살 속에서
그대에게 보내고픈 사랑의 노래
눈 시린 푸른 하늘에 날려 보냈다오

곽금남
연세대학교 교육대학원 졸업, 전 영훈고등학교 국어 교사,
'사향' 동인, 한국가곡작사가협회 이사, 세종문학회 회원,
주소 ㉾01422 서울 도봉구 노해로 66길 21, 창동 삼성아파트
115-1404, ✉ kwakjh2001@naver.com,
☎ 010-4613-7342, 다음검색 저작자 표시컨텐츠변경비영리

당신 덕분에 외 2편

구 용 수

봄바람 타고 실려 오는
당신의 향기
고운 당신의 존재 때문에
세상이 가득 차고
사랑이 느껴집니다

당신 곁을 떠나
이렇게 혼자 지내보니
당신이 나에게 얼마나
소중한 존재인가를 깨닫게 됩니다

당신이 잊지 않고
나를 찾아온 봄날
나는 당신의 꽃그늘 아래
아름다운 당신의 눈웃음을 봅니다

상냥한 예쁜 입과
서글서글 윤기 나는 눈빛에서
새 옷 단장
나는 정말 행복합니다

마음의 행복

아무리 좋은 조건이라도
내 마음이 흐려 있으면
우울이다

내 마음속에
욕심이 꽉 차 있으면
행복이 들어설 자리가 없다

내 마음 가득한 번거로운 것들
덜어내고
평화로운 마음 가졌을 때
행복은 깃든다

행복을 위해
거울 속에 비친 자신을 보고
내건하다고 칭찬해 줄 때
행복은 살짜기 엉덩이를 들이밀고
포근히 안겨 오는 것이다

유채꽃 피는 마을

해마다 봄소식 알리는
노오란 유채꽃
바다의 자장가 들으며
곱게 자라 눈이 즐겁다

봄이 맨 먼저 오는 곳
사람들도 착하여
맑은 눈동자가 빛난다

평화가 내려앉는다
사람과 사람이 밝게 인사한다
사는 것이 즐겁다

서로 이해하고 의지하며
행복을 저축한다
도란도란 사랑 애기 들린다

구용수
한국문인협회, 국제PEN한국본부 회원,
한국가곡작사가 협회 자문위원, 한국시음악협회 고문

산수유 마을 외 2편

김 도 연

산등성이마다 황매화 꽃망울
봄소식 반갑게 전해주네요
하늘도 대지도 망울망울 꿈을 모아
노오란 세상 펼쳐지고 있네요
봄바람 시샘에도 벌 나비 날아들고
뛰노는 아이들 머리 위로 흩날리는 꽃 이파리
햇볕 따사로운 날 꽃그늘에 앉아
아련하게 번지는 살구빛 미소

민들레 홀씨 되어

실바람에 흩날리는 여린 꽃잎들
잔잔한 마음속에 파문을 일으키네
가슴 깊이 묻어둔 사랑의 추억
노오란 꽃잎 위에 그림 그리고
알알이 매달린 줄기마다
따사로운 햇살이 바람 다독이네
돌 틈 사이로 애처로이 피어나
봄바람에 흩어질 운명이라도
하늘 높이 춤추며 허공을 날으네

사랑하는 이에게

선물처럼 기쁘게 주어진 오늘
누리에 비치는 따스한 햇살
감미롭게 스치는 싱그런 바람
잔잔한 꽃들도 반겨주는데
눈물겹게 고마운 너의 미소에
내 마음 따뜻하게 하루를 여네

다정한 한 마디에 기쁨이 샘솟고
조촐한 식탁에도 행복의 노래
가난한 밤이어도 감사가 넘치네
고요히 두손 잡고 기도드리니
살며시 다가온 사랑의 순간이여
그대여 함께여서 언제나 고마워요

남호南昊 **김도연**
종로미협부회장, 종로문협전문위원, 대한민국신미술대전심사위원
한국예술협회부회장, 대륙문인협회예술분과위원장
한국가곡작사가협회사무총장, 국제펜한국본부회원
시집 『그리고 여백』 공저 『시는 노래가 되어』 외 다수
작사 「수선화」 외 60여곡

아버지의 뒷모습 외 2편

김 미 형

발그레한 달무리 얼굴에 물드는 밤
낯선 듯 낯익은 한 남자가 걸어가네
느티나무 닮은 어깨 어디로 갔나요
흐느적흐느적 집으로 가는 길
그대 뒷모습에 눈물비가 내려요
사랑해요 사랑해요
오래오래 함께해요

별들이 내려앉은 목련꽃 잎샛길로
낯선 듯 낯익은 한 남자가 걸어가네
그대 터벙걸음은 어디쯤 머무나요
당신의 등 뒤에 가려진 외로움
고운 꽃길 걸으며 우리 함께 웃어요
고마워요 고마워요
오래오래 함께해요

꽃비가 내리네

봄바람 그네 타고 그대 오던 날
내 마음도 그네 타고 그대에게로
쌍그네 너울너울 춤추던 그날(은)
잊지 못할 내 영혼의 봄날이었네
흩날리는 꽃잎마다 그리운 얼굴
바람이 오는 길에 꽃비가 내리네
꽃비가 내리는 날 그대 오는 날

그 섬에 동백꽃

다시 누군가를 사랑할 수 있을까
바다로 간 그대는 오지를 않네
사랑을 기다리던 붉은 눈시울
해풍이 불어오는 바닷길 따라
밤마다 홀로 붉은 섬으로 피었네
그대는 푸른 섬 나는 붉은 섬

다시 누군가를 사랑할 수 있을까
바다에서 섬이 된 그대를 바라보며
뜨겁게 피었다가 뜨겁게 지는 꽃
그대에게 가는 길 붉게 물든 길
실바람 부는 밤에 그대 오시려나
그대는 푸른 섬 나는 붉은 섬

김미형
경남 남해 출생, 한국가곡작사가협회 이사
한국문인협회 회원, 한국펜클럽협회 회원
한국신문예문학회 회원, 강동문인회 회원
황진이 문학상 수상, 시집 『인연이 흐르는 강』

진양호의 봄 외 2편

김석근

호숫가에 피어난 벚꽃과 안개
잡힐 듯 잡히지 않는 거리에서
나를 향해 손짓을 한다

어느 여인이 샹송을 불러
잠든 내 의식을 일깨워주고
순한 눈빛 같은 호수는
햇살 아래 반짝이며
한순간도 멈추지 않는다

해가 서산으로 기울자
쏜살같이 달려오는 어둠
나는 왜 이러고만 있는지
시간만 허물고 있다

10월의 노래

들국화 피어나는 가을에는
정처 없이 떠나고 싶어라

모든 짐 다 내려놓고
바다를 만나러 가리라

단풍이 붉게 물들이면
따뜻한 남쪽으로 찾아가리라

지루한 일상을 벗어나는 건
용기가 필요한데

새 떼들의 노랫소리 듣기 위해
메마른 도시에서 벗어나리라

눈 내리는 날

하얀 눈이 쌓이고 쌓이면
온갖 죄악들을 덮어버리는 눈
인류를 축복하는 성탄절의 선물
그날은 기다리며 손가락을 꼽았지

나 어릴 적 어머니 손잡고
새벽기도 갈 때면
하늘에서 내리던 하얀 눈송이
그 추억이 되돌아온다

못난 인간들의 허물을 덮어 주는
자비의 눈으로 부드럽게 내리는 눈
세월이 많이 흘러가고 있어도
나는 그날을 잊지 못해 서성인다

김석근
시인, 한의학 박사, 대한한의원의사협회 강남구 의장
한양대신약개발학과대학원 교수, 한국가곡작사가협회 회장
대륙문인협회 부회장
저서(의학) 『건강한 갱년기 행복한 중년』 외 다수
시집 『빛과 소금 되게 하소서』 외 다수
현) 김석근한의원 원장

봄의 노래가 좋다 외 2편

김 영 주

화사한 봄볕이 내린 세상
봄의 이불을 펴고는
꽃의 숨결이 삶의 터전을 이룬다

노란 꽃 메밀꽃
진달래 보라 꽃
붉은 동백꽃 모두 반갑게 맞이한다

개울에 얼었던 차가움도 물이 흐르며
굽이마다 이어진 세월의 길목
삶의 생기가 움직이며 발돋움한다

마음에 움츠렸던 비단 같은 그리움이
살며시 기지개를 켜고 나와서
다시 힘을 내며 파랑새를 부른다

녹색 싱그러움의 한 잎 두 잎
소박하게 키워온 소망을 매달고는
행복을 향한 꿈의 나래를 펴고 웃는다

애수

세월의 파도는 흐느끼듯
하얀 포말이 바람을 품어
아파한 계절을 밀쳐낸다

지고 있는 노을에
설움은 밀려와
너의 모습이 보고 싶다

사랑하는 이여
밀려오는 물결 따라
그대 속삭임이 들린다

물결은 넘실거려도
긴 세월 만날 수 없는 시간
난, 네가 그리워

쓸쓸한 해변 한 모퉁이
지우지 못한 소라의 노래가
내 가슴에 눈물을 가져간다

실바람이 이는 날이 오면
그대 오시려나
꽃바람 부는 날이 오면
그대 오시려나

달빛에 사랑도 가네

달빛 내려 어둠을 비추고
많은 생각의 날개를 펴고
희망을 피워보며
사랑의 생각도 피워보지만

가슴은 그리운 생각으로 잠겨
사랑을 조용히 그려 보는데
보고 싶은 마음만 더욱더
깊은 생각으로 잠기고 있네

쓸쓸한 창가로 다가가
은빛처럼 내리는 달빛으로
사랑을 살며시 곱게 품어
그리운 생각에 기대어 보면

구름에 걸린 달을 쳐다보는 밤
내 사랑 그리움과 외로움도
저 달이 가듯 애절한 마음이
소리 없이 밤하늘에 가고 있다

김영주
(사)창작문학예술인협의회, (사)대한문인협회,
한국가곡작사가협회 회원, 2018한국문학 올해의시인상,
도전한국인문화예술지도자상, 향토문학글짓기경연대회 금상,
(사)창작문학예술인협의회 1월이달의시인 선정

그리운 이모 외 2편

淸史 김 재 규

풀냄새 짙게 피어나는 산모퉁이 돌아
그리운 이모 집을 찾아 뒷동산을 넘는다
칡넝쿨 잎 넓게 덮인 오솔길을 지나
마을 앞 느티나무 까치 소리 지져대는데
낡은 초가 싸리문 어린 나를 반겨주고
호박잎 된장국 이모님 밥상이 그리워진다
아~ 아 어머니의 사랑 묻어나는 그리운 이모

흙냄새 짙게 묻어나는 산모퉁이 돌아
보고픈 이모 집을 찾아 뒷동산을 넘는다
망개 덩쿨 저리 엉킨 숲 속을 지나
마을 길 들어서니 송아지 울음 반기는데
홍두깨 칼국수 이모님 밥상이 그리워진다
아~아 어머니의 사랑 묻어나는 그리운 이모

행복한 당신

행복은 모든 것이 풍요롭지만
그 뒤엔 어려움도 올 수 있지요
행복 속에 어려움도 있겠지만
어려움은 행복으로 다시 오지요

빈곤하고 어렵고 힘이 들어도
평안한 마음으로 굳게 서세요
몸이 추울 땐 옷으로 감싸지만
맘이 추울 땐 웃음 불을 피우세요

아! 행복은 헌신하고 배려하면
아! 행복한 주인공은 당신입니다

바람에 실은 사랑

사랑을 실은 바람이 스쳐 올 때
미소지며 나에게 다가온 그대
싸늘한 바람이 그대를 때리면
따스한 내 가슴에 의지해 오네

사르르 잠이 들듯 수줍던 그대가
바람에 사랑 싣고 내게로 오면
사랑의 고백이 망설여져 설레이네
사랑의 고백을 바람에 실려 보내리

아! 서로가 가슴앓이 애태운 사랑
아! 애태운 우리 사랑 바람에 실은 사랑

김재규
한국가곡작사가협회 이사, 한국예술가곡보존회 회장,
사)한국음악실연자연합회 회원, 한국음악저작권협회 회원,
한국가곡세계선양회 이사, 사)한국가교문학회 상임이사,
대륙문인협회 부이사장, 한국예술가곡보존회연주회18회 기획
진행 주관中 (예술의 전당, 세종문화회관,KBS아트홀 등)
예술가곡「꿈속에서」외 40여곡 작사

그럴 때마다 외 2편

김 재 원

철없이 살아온 세월
잔주름은 척박한 마음 밭
가꾸는 애태웠던 꿈들

인생의 중반 길에 오른 길
걸을수록 허망한 슬픔
그럴 때마다
위로해주는 차 한 잔

모든 것을 내려놓은 편안함
겸손으로 평온함을 느낄 때
그럴 때마다
당신이 건네주는 홍주 한 잔

별 탈 없이 지내 온 나날들
소박함으로 채워지는 마음
자신감으로 뭐든 할 수 있을 때
건강함으로 감사한다

봄빛

차갑게 떠나간 지난겨울
웃음으로 보내야만 했다
가슴에 온기가 없으니

서글픔으로 지쳐갈 때
바위틈 살짝이 피어난 복수초
따사로운 빛으로
노랑 저고리 나풀나풀

살갑게 마중 온 계곡물
설움에 복받쳤나
힘찬 목소리 가다듬고
알 리 없는 청둥오리는 행복하다

주부파업

거울 속 궁전을 나와
마음만은 화려한 외출
들꽃들의 환호

한없이 바람 따라
해 지는 줄 모르고
어디로 가야 하나
곁에 아무도 없다는 두려움

아무것도 할 수 없기에
붉은 정열도
황금빛이 손짓해도
잠깐의 욕망일 뿐

채워지지 않는 마음
벌써 환멸幻滅을 느끼고
김치 냄새나는 주방에 서 있다

김재원
한국문인협회 정회원, 전북문인협회 정회원,
한국가곡작사가협회 이사, 한국음악저작권협회 회원,
함께하는 음악저작권협회 회원
작시곡 「아름다운 동행」 「바람에 실린 그리움」
한국가곡합창제 작시곡 「선생님」 「그리운 고향」
시집 『동화빛 세상』 『바람빛 소녀』

봄꽃이 필 때면 외 2편

남민옥

봄은 꽃으로 오네
긴 겨울은 지나가고
나무 끝에 그리움 어리는데
지난밤 기도가 꽃이 되었나
뜰 앞에 하얀 목련이 피었네
샛바람 지나간 자리
눈부신 봄이 오고 있네

봄은 꽃으로 오네
들길에 다가오는 소리
문득 나무 위 바라보니
노란 산수유꽃이 반기네
가지마다 피어나는 꿈
지난 계절의 기도
봄은 꽃으로 왔네

흐르는 물

봄이면 살구꽃 날리던 집
살구나무 두 그루와 삼 대가 모여
꽃잎처럼 북적이며 살았네
마을을 겹겹이 둘러싼
도랑과 개울물에 발 담그고
살구꽃 여물듯 살았던 우리

꽃잎을 머리에 인 어머니
온종일 꽃밥을 지어 날랐네
어머니의 꽃밥을 먹고
어느새 강물이 되었네
우리는 모두 흘러가는 물이라네
갈수록 여울지며 깊어가는 물

어머니의 꽃밥을 먹고
어느새 강물이 되었네
우리는 모두 흘러가는 물이라네
갈수록 여울지며 깊어가는 물

나무는

나무에게 기도를 배웠다
그래서 나뭇잎만큼 많은 기도가 달려 있는
나는 늘 어떤 나무일까
나무뿌리를 닮은 발을 내려다보며
날마다 나무 아래를 걸었다

걷는 순간 나의 시간은 푸르다
슬픈 예감도 초록으로 승화되고
걷다가 걷다가 어느 날인가는
나무와 하나가 되는 꿈을 꾸기도 한다

하얀 잎 같은 꽃을 가득 피운
산딸나무 밑을 지날 때
그 나무가 십자가 나무라는 것을 알았을 때
산딸나무꽃이 말없이 빛났듯이

기도로 중무장한 나무에게
바람은 스쳐 지나갈 뿐이라고
흔들리다 고요해진다 나무는

남민옥
한국문인협회문학치유 위원, 한국현대시인협회 이사,
한국가곡작사가협회 이사, 한국가톨릭문인회 회원
선사문학상, 문예사조문학상대상 수상,
시집 『바람에게 길을 묻다』 『토마토 그 붉은 시간』

그대 그리움 외 2편

류 준 식

한 마리 학이 되어
접었던 날개 다시 펴는데
대숲 사이 쪽빛 하늘 그대 모습 아른거리네
뒷동산 산 꽃 필 때
오신다던 그 약속 간데없고
사근대는 갈바람만 밤을 새워 흐느끼네
바람조차 잠이 든 추억의 산야
고요조차 잠이 든 적막의 산야
온 밤 홀로 뒤척이네
숨어드는 그대 그리움
서산에 걸린 달 짓는 한숨에
달빛도 서러워 허기진 이 밤
눈두덩이 무르도록 울어야 하나
눈두덩이 마르도록 울어야 하나

사랑의 금지구역

순이야 돌이야 소꿉놀이할 때는
손목이 무르도록 때 없이 잡았는데
발목이 시큰토록 무단출입하였는데
곤지 찍고 가마 탄 후
꿈에서도 아련한 나의 순이야,
누가 막았는가, 사랑의 금지구역
넘을 수 없는 사랑의 중앙분리대
믿었던 어리석음 물러선 한 걸음이
담 중의 담, 벽 중의 벽일 줄이야
바라만 보아도 배부르던 순이야
쌓이는 그리움 나의 순이야

산새도 들새도 사랑놀이하는데
날 두고 어딜 갔니, 모닥불을 피워놓고
뉘에게 보쌈을 당해 눈물 세월 나느냐
곤지 찍고 가마 탄 후 꿈에서도 아련한 나의 순이야
누가 막았는가, 사랑의 금지구역
넘을 수 없는 사랑의 중앙분리대
믿었던 어리석음 물러선 한 걸음이
담 중의 담, 벽 중의 벽일 줄이야
바라만 보아도 배부르던 순이야
쌓이는 그리움 나의 순이야

영원한 나의 길벗

나는 화성에서 당신은 금성에서
시샘 받게 피운 꿈 비익조로 만난 우리
인고와 질곡의 삶 피 묻은 십자가였소
한 몸에 두 머리 영원한 나의 길벗
골고다 고빗사위 하나님의 뜻이거니
함께 가자, 함께 매자, 잡아준 당신 손길
기도와 사랑으로 녹이면서 천천 날을
처음처럼 동행해준 영원한 나의 길벗

한 생을 섞삭인 당신의 피눈물이
내 생의 옹이가 될 줄 왜 몰랐을까
족대김에 씻긴 반백 한 올씩 뒤적이며
시름 재운 두 볼에 눈물 뿌리오
되돌아갈 수 없는 해질녘 고갯마루
몰아 쉰 숨결마다 너무나 안쓰러워
마른 가슴 이렇게 부여잡고 있다오
밭은 가슴 이렇게 부여잡고 있다오

류준식
시인, 시낭송가, 작사가, 교장퇴임(황조근정훈장),
최남선문학상 외 8
한국문학방송작가회, 한국시조시인협회, 문예춘추 고문,
시조문학 이사, 전라시조, 익산신문집필위원
시집 『고향은 부른다』 수필집 『아리의 눈물』
시조집 『칼바람도 사랑옵다』 외 18권,
전자시집 『내 인생의 불땀머리』 외 11권

고맙소 외 2편

류 한 상

이 세상에 태어난 것도
건강하게 살아가는 일도
감사하지 않을 수 없어요

부모님의 따뜻한 관심 속에서
온전한 사랑을 받는 것도
주님의 은총이지 않는가

우리나라 대한민국
사계절 아름다운 금수강산
날마다 우리 하나님의 은혜

고맙소 감사하오 미안하오
서로 축복하며 사랑하며
행복한 삶을 살아가요

그 나라

하나님의 크신 은혜 귀하고 귀하다
하나님 믿고 사는 주의 백성들

귀중한 보배로다 주를 믿는 성도들
하는 일 많지만 주를 믿는 성도들

다시 오실 우리 주님 만날 날 기다리며
그날이 오기까지 믿음으로 승리하자

해병대

바다를 지키는 해병대
병사들의 용맹성 당할 자 없어요

대한의 무적해병대 용감하다 그 이름
해병대 앞에서는 아무도 못 당한다

대한의 강한 군사 귀신도 잡는 해병대
해양선 철통 방위 지켜낼 해병이여

병사들 사기진작 어디다 비할소냐
대한의 막강전투력 해병대가 해낸다

류한상
시인, 수필가, 총회신학대학원 교수, 인사동시인협회 회장,
한국가곡작사가협회 부회장, 시집 『10월의 노래』 외 다수
한국신문예문학회 자문위원, 아태문협 수필분과 위원장
도화교회 담임목사

밤비는 오는데 외 2편

문 경 훈

밤에 비가 오면 기온이 내려가는지
예전에 다쳤던 곳이 다시 쓰려온다
아픔이 새로워서 옛날로 돌아간다

빗물은 추억에 젖어서 흐르는가
덧없는 세월은 대나무 피리가 되어
숨소리가 애간장 타는 소리 낸다

단풍이 떨어지면 낙엽이 되고 말아
내 마음을 기댈 곳을 찾는 동안
밤비는 그녀의 발자국처럼 들린다

날이 새면 해가 뜨고 겨울이 가면
벌거벗은 나무에도 새잎이 돋는 것을
달이 차고 기우면서 세월은 간다

침묵 속에 그리움

못다 한 사연 그리움이 사무칠 때면
풀벌레는 추운 밤을 어떻게 지새웠는지
나는 차라리 언어 장애인이 되고 싶다

새벽이슬도 차가운 밤공기가 만든 눈물
그리움이 병이라면 차라리 눈을 감자
내심 중에 깃든 그대 모습으로 만나자

말하지 않아도 알 수 있는 그 미소
마음으로 만나 마무리를 만들고 나면
먼 훗날 편안히 눈을 감을 수 있기에

달이 창가에 기웃거리면 달빛을 보고
눈물로 눈을 씻으면서 달래는 마음
침묵하는 동안 무척 행복할 수 있기를

홀로 듣는 그 노래

초저녁 서산마루를 말없이 바라보네
보름달이 산등성이를 오르고 있네
그대와 나란히 앉아서 바라보던 달이
홀로 바라보는 달과 같건만

그대가 곁에 있으면 꽃향기도 그윽했지
살기 위하여 가시를 내민 엉겅퀴 잎에
꽃씨를 품으려고 벌 나비 부르는 꽃
진한 사랑을 알고 매운 이별을 배웠네

내 마음속에 그대가 살고 있으므로
서산마루를 바라보면 보름달이 떠 있지
야윈 들꽃처럼 모진 풍파에 시든 그대
그대의 웃음소리는 내 발길마다 들리네

문경훈
한국문인협회 인문학 콘텐츠 개발위원, 한국작사가협회 이사,
페트라시가곡음악협회 이사, 한국해외문화교류협회 자문위원,
제주도문인협회 전 사무차장, 제주도애월문학회 회원,
한국해외교류협회제주도 부지회장, 前 한맥문학제주도 지회장
시집 『그대 그리운 집』 『바람불어 좋은 날』
『내 안에 숲이 무성하다』
세종애민문화 대상, 2010으뜸작가상, 대전중구문학 대상,
청양 문학상, 호주 문학상, 중국 청도 문학상, 호주 한국 문학상

한라산 단풍 외 2편

　　　　　문 상 금

사락사락 첫눈처럼
울긋불긋 상처처럼

사정없이 떨어져
밟히고 또 짓밟히는

아아, 살아있다고
모두들 버티다 길 떠난
빈 강江같은 늦가을에

아아, 바람
저기 붉은 바람이라고

첫눈이라고
그대 첫눈이라고

너와 나에게만
어찌할 수 없는

눈시울 붉은
펑펑 첫눈이라고

할미꽃

내 마음의
따뜻한 산언덕에
피어나는 할미꽃

솜털이
보송보송한 할미꽃

살아갈수록
생각할 일이 많아
더 많이 적막寂寞한
자줏빛 옷고름 같은 할미꽃

흰머리 풀어헤치고
세월에 굽은 허리
잠시 펴고 숨 고르는 저 할미꽃

그것은 비로소 열매 맺힐 때
백발 되어 날리는
단심丹心이다

볕 좋은 날
초가집 툇마루
할머니 흰 머리 꽃으로
획 날아든
아아, 백두옹白頭翁

붉은 동백꽃으로 만나자

우리 동백꽃으로 만나자

하논 어디쯤
붉은 동백꽃으로 만나자

바람 불면 바람에 떨어지고
비 내리면 비에 떨어지고

눈발 날리면
덩달아 떨어지는
붉은 동백꽃으로 만나자

동백숲을 붉게 물들이다
뚝뚝 떨어져 뒹굴지라도

그 함께 하였던 소중함은
사라지지 않듯이
또다시 우리 붉은 속울음으로 만나자

하늘을 가득 채우는
그 높고 고운 향기로 다시 만나자

문상금
1992 심상誌 「세수를 하며」 외 4편으로 등단
한국문인협회, 한국시인협회, 심상시인회, 제주펜클럽,
제주문인협회, 서귀포문인협회 회원, 한국가곡작사가협회 회원
시집 『겨울나무』 『다들 집으로 간다』 『꽃에 미친 女子』
『누군가의 따뜻한 손이 있기 때문이다』 『첫사랑』

2부
코스모스

코스모스 외 2편

박 영 만

오순도순 공원의 코스모스
높푸른 하늘 앞에 공손히 서서
한 줄기 햇살에도 싱글거리고
나란히 선 길가의 코스모스
산들바람 정다운 눈길에 끌려
허리춤 추며 입 모아 합창하네

새벽 이슬 방울에 마음 씻었나
태양의 지휘봉에 따라 모두들
신을 찬양하는 수도자 같아라
저마다 숨겨 온 은밀한 사연들
실바람에 고백하는 천진스러움
너는 소녀야, 열여섯 소녀여라

국립묘지에 헌화하며

날아오라 국사봉 새들아
님들께 노래 불러 드려라
한강 둔치에 푸른 희망
곱게 뿌리는 이 절기에
낯선 노병 꽃다발 들고
찾았네 사십오 번 묘비
님은 우리를 비추나이다
하늘에서 한밤 달빛으로
으슬한 적막에 감싸인
해병 중위 서재현 영령님,
십일월 사천강 그 전투
어찌 잊을 수 있으리오
님은 꽃잎으로 허공 날아
분단된 조국 굽어보네
님은 이 땅을 비추나이다
하늘에서 한밤 별빛으로

양단말 응단말

장승박이 양지말 시월 당제엔
밝은 빛 온 동네 고루 비추니
동네 사람 모이면 모두 한 마음
양지가 있으면 음지도 있다지만
양지에서 핀 꽃 향기 좋더라

장승박이 응단말 그늘이 지면
산마루 향해 밝은 빛 기다리는
지하여장군 앞에 모두 한 마음
겉으론 응달말 속으론 양달말
음지에서 피어도 보긴 좋더라

박영만
한국문인협회 제24, 25대 이사, 국제PEN, 한국소설가협회,
한국수필가협회 회원
저서 시집 『始興시편』 등, 英文 및 漢文 시집,
한영 및 한중 대역 시집 등, 평론집 『우리 얼 지키기』,
소설집 『長江아리랑』 등 2권, 가사집 『시흥아리랑』 기타
순수문학소설 본상, 자유시인협회상, 중국연변수필 평론상 등,
시흥예술대상 수상

벼랑 끝에서 외 2편

박 영 애

귀 기울여 본적도
눈여겨 본적도
생각해 본 적도 없이
앞만 보고 힘차게 달렸더니
석양빛으로 물든 하늘과 만납니다

평지만 걷다가
꽃향기와 커피 내음 맡으며
음악에 맞춰 발가락 까딱거리며
재잘거리던 젊음의 뒤안길에서

소중한 것을 잃었다는 걸
벼랑 끝에 서서 알게 됐어요
내 곁을 떠난 이와 함께 한 추억이
차곡차곡 포개져 있는 시간과 세월이
뒤안길로 사라져 가는 걸 포기하고

쥐었던 손의 힘도 풀고
날개 접으니
봄바람에 꽃잎이 휘날리듯
오류가 쌓인 곳에서
아련한 그리움이 피어오릅니다

몰입이 깨우쳐준 행복

마음 둘 곳 없어 초라한 날
시각장애인을 위한
동화 점자책과 힘겨루기를 합니다

이 아까운 시간에 뭐 하고 있는 거지?
모음 자음 찾아 찍으며 한심해하다가
나도 모르는 사이
빠져든 점자 찍기

몰입이 가져다주는
눈이 빠질 것 같은 통증에
고개를 들어보니
석양빛이 서쪽 창을 통해 들어옵니다

감사하고 고마운 맘이 듭니다
작은 점 찾아 찍느라 앞이 아른아른
볼 수 있다는 데서 오는
눈 통증이구나 느끼니
기쁨이 온몸을 휘감습니다

피어오르는 그리움

언 땅에서 흙을 비집고
행복 한 다발 선물하려고
잔인한 겨울을 견뎌가며
화사한 꽃으로 피어났구나

감동도 잠시
일상으로 돌아가
나에게 취해 있을 때
주고 받았으니 됐다며

생기 잃은 꽃잎이
힘없이 떨어진 다음에서야
거실을 꽉 채웠던
너의 존재를 의식한다

그 자리에 모두 있는데
떠나간 꽃자리가 아쉬워
허공에 헛손질 해대니
사무치는 그리움이 퍼져나간다

박영애
행정학박사, 문학박사, 단국대 미래융합국정최고경영과정 주임교수, (사)SAK동화교육예술학회 회장,
문인협회, 국제펜한국지부 회원, 신문예 고문,
아태문인협회 부회장, 아동문학협회 동화분과위원장,
한국가곡작사가협회 부회장

봄맞이 외 2편

박 영 원

어느 따스한 봄날이었다
친구들과 공원에 놀러 갔더니
여기저기에서 예쁜 꽃들이
울긋불긋 손짓하며 소곤거렸다
살며시 다가가 엿들어보니
온갖 벌과 나비들 놀러 오라고
부르는 봄맞이 노래였다

나는 꽃들에게 물어봤다
"꽃들아! 우리도 함께 놀 수 있니?"
꽃들이 대답했다
"그럼! 엄마 아빠도 함께 와."
나는 무지무지 기뻐서 다음날
엄마 아빠에게 말씀드렸다
"엄마 아빠! 우리 봄맞이 가요."
엄마 아빠는 봄꽃처럼 웃으시면서
"그래! 우리 함께 손잡고 가자."

와~와! 봄은 정말 좋은 계절이다
우리 가족 손잡게 해주니까

동생과 엄마

엄마의 젖을 먹다
잠들었던
귀염둥이 동생

살며시 눈을 뜨고
두리번대더니
'어~엄마~ 어엄~마~'
자지러지게 운다

화들짝 달려온
엄마를 보더니
'까르르~ 까르르~'
웃는다

엄마 얼굴에도
함박꽃이 피어난다

별

고요한 밤에는
하늘에 별들이
옛날애기
소곤소곤
아기들의 꿈
자장가 되고

하늘에 별들이
잠자는 낮에는
아기별 눈동자가
초롱초롱
반짝반짝
꿈을 키운다

박영원
한국문협, 현대시협, 국제PEN한국본부 회원,
한국경기시협 이사, 산성문협, 탄천문협 고문,
시집 『몽의 눈물』 외 7종
주소 ⑨13599 경기 성남시 분당구 내정로152, 129동 1401호
(수내동, 파크타운)
✉ parkyw100@hanmail.net ☎ 010-2366-7423

봄이 오는 소리 외 2편

石友 박 정 재

기다리던 봄이 오는 것을 보고파
가지를 덮고 있는 눈이 채 녹기도 전에
매화는 덮인 눈을 밀어내고 꽃을 피우고
복수초는 덮인 눈을 제치고 불을 밝힌다

앙상한 산자락에 봄바람이 지나가면
생강나무 서둘러 황금색 꽃등 밝히고
산촌에 산수유는 황금꽃 잔치 차리는데
개나리 꽃길 내어 잔치 장소 안내한다

논둑이나 밭두렁 양지바른 곳에
쑥과 냉이의 새싹 향기 넓게 퍼지면
풀숲에서 돌 틈에서 이름 모를 풀들이
겨울잠에서 깨어나 연초록 머리 내민다

봄비라도 지나가면 꽃봉오리가 세수하고
예쁜 꽃들이 여기저기서 얼굴을 내미는데
유채꽃 민들레 개나리꽃 목련화 진달래꽃
봄꽃들이 산과 들을 화려하게 꾸민다

보고 싶은 고향

고향을 떠나온 지 벌써 팔십여 해
거친 세파에 갇힌 채로 살다 보니
태어난 고향도 잊은 채 지내오다가
이 나이가 되어서야 생각이 나네

부모님 사랑이 살아 있는 보금자리
내가 태어나고 자란 이곳을 지나며
고향 분 누구라도 만날 수 있을까
기대하며 가슴 조이며 걷고 있네

잡초만 무성한 내가 살던 고향 집터
옛날에 남기고 간 그리운 추억들
파도에 지워지는 백사장 흔적처럼
남김없이 사라져 찾을 수 없네

흔적조차 사라진 내가 살던 집터에
잡초 속에서 접시꽃 한 송이 곱게 피어
철부지 짙은 사랑이 깃들어 있는
그 옛날의 추억을 일깨워주네

세월과 삶

세월은 멈춤 없이 흐르는 시냇물
굽어지고 막히고 좁아지는 물길
흐르는 시냇물 따라 둥둥 떠가는
그 낙엽이 우리네 삶이다

바람 불면 바람 부는 방향으로
파도치면 파도치는 물결 따라서
반항 없이 따라 흐르는 낙엽
그 흐름의 끝마저 알 수 없다

세월의 흐름을 거역하지 못하고
흘러가는 한 인간의 삶이
시냇물 따라 갈기갈기 저미는 낙엽
그 낙엽이 우리네 삶이다

세월은 끝없이 흘러가는 시냇물
멈추지 않고 흐르는 시냇물에서
속절없이 찢기어 사라지는 낙엽
세월 따라 사는 삶 바로 그것이다

石友 **박정재**
✉ imj2p@hanmail.net, 출생 1937년
한국문인협회 회원, 창작문학예술인협의회 회원
한국가곡작사가협회 이사, 문학어울림 고문, 텃밭문학회 고문

행복을 주는 사람 외 2편

綠波 박 종 대

언제 만나자는
약속은 없어도

어느 때고
어데서고
만나면

행복해질 것 같은 사람
바로 당신입니다

흔들림

비오니
울적거려
한 잔 술

술 잔가 맴돌다
빠진
그대 얼굴

마셔 뿌니
내 몸 타고
돌고 나와

빈 컵에
박혀버린
예쁜 얼굴
잔 부어 띄우랴
다시 마셔 건지랴
가슴에 박힌 내 사랑

부자富者 부富

날 생각하는 그대가
지금도 살아 있어
아직도 난
빈 털털이가 아니다

그러니 외로워
서러워할 필요가 없고
사는 건 언제나 달보드래
감칠맛 나는 맛난 삶이다

綠波푸른파도 **박종대**
아시아서석문학 시부문 등단
아시아서석문학작품상2017.1월, 인류문학시부문최고상2019.1월,
아시아서석문학, 광주문인협회, 광주시인협회,
아태문인협회, 인류문협회 회장
시집1 『너랑 나랑 그리고』 시집2 『나랑 너랑 그리고』
시집3 『그리고 나랑 너랑』 시집4 『그래서 나랑 너랑』 외
✉ pjd0109@hanmail.net ☎010-5524-4135

분홍빛 회상 외 2편

은담 배 건 해

분홍빛 고운 미소 머금고
찾아온 봄의 전령사

잡목 뒤엉킨 사이사이
발그레 볼에 물들던
세월 저편에 서 있는
순진한 소녀 같은 꽃이여

진달래꽃 온 산에 피어나면
오신다는 임 기다리는
순진한 소녀 같은 꽃이여

농부는 詩人의 마음

비 내리는 창가
아지랑이처럼 다가오는
차향의 속삭임

나누어 채울 수 있는
자연의 사시절은
모든 이들의 행복을 펼치게 하고

인생 향기 따라
안개꽃 피어오르는 들녘은
함께 나눌 수 있는 기쁨

봄 여름 가을 겨울
농부는 행복한 여유로움이다
오늘 詩人의 마음은 어떠시나요?

천관산 억새

다도해 굽어보며
억새로 뒤덮이는 천관산
투명한 햇살 속
빛나는 가을
갈색 옷 갈아입고
춤추는 억새의 몸짓
가을 내음과 함께 물들어가는
해 질 무렵 억새밭은 그림 같은
만추의 서정을 느끼게 한다

배건해
시인, 아동문학가
한국스카우트연맹훈육지도자
농어촌문화체험단연합회장
한국가곡작사가협회 이사
문화예술아름다운동행 대표
정덕그룹 대표

3.1절과 유관순 열사 외 2편

배 병 군 裵秉君

3월이 되면, 해마다 3·1절이 되면
유관순 열사의 노래가 생각납니다
삼월 하늘 가만히 우러러보며
유관순 누나를 생각합니다
옥 속에 갇혀서도 만세 부르다
푸른 하늘 그리며 숨이 졌대요
아, 태극기 흔들며 만세를 외친 열사여!
아, 꽃다운 나이에 목숨을 바친 열사여!
당신의 고귀한 헌신 덕분에
오늘도 자유의 숨을 쉽니다

3월이 되면, 해마다 3·1절이 되면
유관순 열사의 기도가 떠오릅니다
이 땅이 민족의 행복한 땅과
자유와 독립이 되게 하소서
육신의 고통은 이길 수 있으나
나라 잃은 고통은 견딜 수 없어요
아, 옥중의 만세로 기개를 떨친 열사여!
아, 꿈많은 청춘의 영혼을 던진 열사여!
당신의 숭고한 순국 덕분에
오늘도 행복의 숨을 쉽니다

꿈꾸는 코리아

동해에서 서해 서해에서 동해 코리아 넓은 바다 꿈을 준다
백두에서 한라 한라에서 백두 코리아 땅과 하늘 희망 준다
꿈꾸자 역동적인 밝은 미래를 펼치자 패기 기상 원대한 포부
도전하고 부딪치고 넘어지면 일어서고 고난 역경 극복하면서
흥미 적성 살리고 끼와 특기 살리며 우리의 진로를 개척하자
존중 위로하면서 공정 사회 만들며 꿈꾸는 코리아 건설하자
코리아 다이내믹 코리아! 코리아 꿈꾸는 코리아!
코리아 다이내믹 코리아! 코리아 꿈꾸는 코리아! KOREA!

BTS 한류 세계 최고 한글 신구 조화 문화강국 꿈을 준다
부지런한 민족 창의적인 민족 역동적인 IT 강국 희망 준다
꿈꾸자 대한민국 통일 국가를 펼치자 꿈과 희망 드높은 이상
열정으로 탐구하고 젊음으로 부딪치고 참고 뛰고 인내하면서
능력 장점 살리고 직관 예지 키우며 우리의 젊음을 펼쳐보자
봉사 사랑하면서 자유 평등 이루며 꿈꾸는 코리아 건설하자
코리아 다이내믹 코리아! 코리아 꿈꾸는 코리아!
코리아 다이내믹 코리아! 코리아 꿈꾸는 코리아! KOREA!

어머니의 고향

어머니의 고향은 아담한 산골 마을
시내에선 졸졸졸 시냇물 소리
산에서는 솔솔솔 솔바람 소리
뻐꾸기와 산새들이 노래 부르고
뜸부기와 들새들이 노래 부르는
아늑하고 평화로운 아담한 산골 마을

어머니의 고향은 아담한 산골 마을
앞뜰에는 수줍은 함박꽃 미소
뒤뜰에는 귀여운 앵두꽃 미소
달래들과 냉이들의 향기 정겹고
개나리와 진달래의 옷이 어여쁜
아늑하고 평화로운 아담한 산골 마을

배병군
충남 서산 출생, (사)종합문예유성 회원,
한국가곡작사가협회 이사, 세계시문학회 사무차장,
아태문인협회 지도위원, 한국신문예문학회 윤리위원

사월의 사랑 외 2편

성 명 순

청명에 내리신 보슬비
그 맑은 은총으로 촉촉이 번지는
종달새가 물어 온 생명의 향기
높은 음표로 춤추는 하늘

우듬지 끝마다
꿈을 꾸는 꽃 맹아리
몽실몽실 흘러가는 솜털 구름도
곱게 눈웃음 던지는 날

아름다워라 마주 보는 눈빛
혼자만 곱게 간직하던 꿈
수줍게 꺼내어 하나의 꿈으로 엮었나니
내딛는 발걸음마다 꽃으로 피어나라

축복하소서 사월의 사랑
기쁨은 꽃으로 눈물까지도 구슬로
사랑과 믿음의 끈으로 잇게 하소서
영원히 둘이 아닌 하나이게 하소서

느티나무 사연

마을 어귀 한쪽에
푸른 그림자를 드리워주던
늙은 느티나무 한 그루를 새삼 생각합니다
바람은 언제나 그렇게
머물 줄을 모르고
잎새마다 비밀스럽지도 않은
사연만 남겨 놓고
저녁놀이 지는 등성이 쪽으로 떠나갔습니다
나무가 또 홀로 감당해야 하는
밤의 무게를 새삼 생각합니다
나무는 기다릴 것입니다
지천으로 내려앉은 이슬의
수런거리는 소리 정겨운 아침을
그렇게 떠나 보내고 또 기다립니다
기다림이 켜켜이 쌓여 우뚝 서 있는
동구 밖 느티나무에는
오늘도 이름 모를 새 한 마리
천 년의 비밀을 지저귑니다

남은 길도 함께

비록 한 종지 빈가의 반찬일지언정
따뜻한 밥에는 정성을 다하였소
굽이굽이 걸어온 길 눈물 고였던 자리에도
한 송이 산국화 곱게 흔들리는 시월의 하루

아침밥을 먹고 나아가
거느린 가족을 위해
걸친 옷자락 흠뻑 젖도록
넉넉한 나락을 맺게 하였소

여기까지 돌아온 길
생각해 보면 그저 하루의 오전 한나절
이제 또다시 어줍은 솜씨로
정성을 다하여 점심상을 올리오니

남은 한나절의 길도
어깨를 나란히 함께 하소서
흘리신 땀으로 이룬 저 들녘
가을하고 우리 사랑 저녁놀로 걸릴 때까지

성명순
시인, 아동문학가, 시 낭송가, 육군 시 낭송 지도강사
수원예술학교장 역임, 한국문인협회인문학콘텐츠개발위원,
국제PEN한국본부 이사, 에이스케미컬사회공헌팀 상임이사,
수원예총 자문위원
황금찬문학상, 제9회 한국농촌문학상, 수원예술인상,
시집 『시간 여행』 『나무의 소리』 한독시집 『하얀 비밀』
✉ chengla@naver.com

당신은 누구요 외 2편

신 상 철

(1)
이래저래 고쳐보아도 그리움만이 더해지는 이름
그 봄 바닷가 햇빛마저 물결 따라 춤을 추는데
모래밭 발자국 소리는 내 귓가를 떠나지를 않고
어느 날에 잊으리 밤은 이미 깊어 별이 익는 소리
아무리 툭툭 털어보아도 매달리는 당신은 누구요

(2)
이래저래 가슴속 깊이 두지 말래도 다가서는 이름
그 여름 숲길에 하늘마저 바람 따라 출렁이는데
푸름에 물들여진 길마저 내 발걸음 놓아주지 않고
어느 날에 잊으리 해는 이미 지고 노을 타는 소리
아무리 가슴 열어보아도 뵈지 않는 당신은 누구요

사철 아리랑

임을 보낸 이 한길에 지켜 서 있는 정자나무야
흰 눈 내려 단장하니 그때인 양 보고지라
아리랑 아리랑 아라리요 아리랑 임의 길에
내가 왔네

임이 떠난 이 강물에 물결마저 임의 모습이니
실버들도 너울너울 이 마음인 양 반가워라
아리랑 아리랑 아라리요 아리랑 강변에서
임을 보내

임이 넘던 고개인가 하늘에는 구름만 한 점
산천초목도 푸르니 신이시여 임을 보내주오
아리랑 아리랑 아라리요 아리랑 고갯길에
임이 오네

임과 놀던 뜰에는 꽃지고 열매를 맺으니
세월아 너도 가지만 임이 있으면 무엇을 탓하리
아리랑 아리랑 아라리요 아리랑 사랑을 찾아
열매를 맺네

사랑의 귓속말

(1)
호수 같은 내 가슴에 봄바람처럼
다정히 들려주는 그대의 귓속말

아무도 모르게 심어놓은 마음을
아무도 모르게 숨겨놓은 약속을

잔잔하던 내 가슴에 살며시 파고들어
나만이 알아듣는 사랑의 귓속말

2)
꽃잎 같은 내 가슴에 보슬비처럼
촉촉이 젖어드는 그대의 귓속말

아무도 모르게 다져놓은 애정을
아무도 모르게 꾸며놓은 품 안을

조용하던 내 마음에 말없이 찾아들어
나만이 느끼어 보는 사랑의 귓속말

신상철
필명 신민철, 경주 출생, 김경린 김규동 추천 문학공간 등단
시집 『언제 어디서나』 공저 외, 「그림자가 있는 호수에」
가곡 「내 사랑을 그린 영지호 밤」 외, 가요 「테이블 연가」 외,
동요 「가로수」 외
한국문인협회, 한국음악저작권협회, 현대시인협회 회원, 한국가곡작
사가협회 이사, 한국동요보급회 상임이사, 관악문인협회 부회장

둘레길을 걸어요 외 2편

신 영 옥

꼬불꼬불 오솔길
솔밭 길을 걸어요
우리 마을 이웃 마을 이어지는 둘레 길
정답게 걷는 길이 건강 백세 길입니다
부산에서 강릉, 고성 지나 더 멀리
설악산을 품에 안고 해금강을 바라보며
우리들의 인생을 위하여, 위하여 축배를 들며
태양의 길을 따라 해파 랑을 걸어요

(후렴)
아~ 앞으로, 앞으로 이 길은 나의 길
온 세상을 열어가는 둘레 길을 걸어가요

바닷길 하늘길
둘레 길을 걸어요
마음 가는 곳에는 어디든지 열리는 길
푸른 산천 황금물결 친구 되는 길입니다
목포에서 군산, 인천 지나 더 멀리
둘레 길을 품에 안고 육대주를 바라보며
아름다운 인생을 위하여, 위하여 소리높이 외치며
붉은 노을 바라보며 서해 랑을 걸어가요

내 마음 머무는 곳에

수선화야 수선화
화사한 그 얼굴 나를 부르는 그대 목소리
지난겨울 휘몰아치는 눈보라 속에 행여 마음 자락 다칠까
감싸고 웅크리던 날
내 마음 잡아주던 그대 미소는 꿈이었나 사랑이었나
봄눈처럼 녹아내려 천만 송이 꽃을 피우는 꽃자리가 되었네
이제는 비바람 불어도 그대 곁에 머물러
피어날 수 있는 꽃 사랑의 봄, 봄이 되었네

(후렴)
오! 내 사랑 수선화야, 내 마음 머무는 곳에
우리 사랑 피워내는 그대는 나의 꽃자리이어라

수선화야 수선화
화사한 꽃송이 나를 부르는 그대 빛나는 눈빛
흐르는 세월 속에 우리 함께 머무를 수 있는 자리가 여기 있네
홀로 가는 긴 여행길
실개울 언덕으로 연을 날리며 달려가던 그 날의 그림자
여울목 바람 소리에 꽃씨를 심던 우리들은 사랑이 되었네
이제는 내 마음 머무는 즐거움이 되어
피워낼 수 있는 이웃 사랑의 봄, 봄이 되리라

그대의 손길

화창한 봄날에 내 손을 잡아주던 아버지
연둣빛 내 가슴에 환한 꽃씨를 가득 심어주셨네
송이송이 피어나는 사랑의 봄 동산 꽃자리 되어라
머물던 자리마다 새들이 지저귀는 보금자리 되어져라
축복하신 아버지
오~ 아름다운 손길이여 위대하신 사랑의 손길이여
우리 함께 손을 잡고 달려가는
그대는 어두운 길 밝혀 주는 태양이시라
내 아버지의 영원한 사랑이어라

낙엽이 흩날릴 때 내 손을 잡아주던 아버지
불타는 내 가슴에 산빛이 곱게 물들게 하시었네
단풍 벗은 나무 나목이 되어서도 사랑 나무 되어라
알알이 고운 열매 가득가득 나눠주는 손길이 되어져라
축복하신 내 아버지
오~ 아름다운 손길이여 위대하신 사랑의 손길이여
우리 함께 손을 잡고 가꾸어가는
그대는 사랑을 심어주는 불꽃 같은 사랑
내 아버지는 영원한 등불이어라

혜산 **신영옥**
시집 『길위에서 길을 가다』 『산빛에 물들다』 『스스로 깊어지는 강』
『흙 내음 그 흔적이』 『오늘도 나를 부르는 소리』 『모자이크』 외
공저 『시는 노래가 되어』 신영옥 작시 가곡선집1.2.3 외
한국문협동작고문, 국제펜한국자문위원, 여성문학이사, 아동청소년
문학상임위, 가곡작사가협자문위. 좋은시낭송공연부회장. 페트라음
악회고문, ✉ yoshin39@hanmail.net ☎010-7368-3622

할미꽃 이야기 외 2편

신 충 훈

봄볕에 피어난
할미꽃 이야기

갓 피어난 모습인데
할미라 불리네

허리도 구부리지 않고
세셋; 웃음 짓는데

할미로 살아가니
웃음이 절로 나네

하하하하하하
호호호호호호

벙어리꽃

어머나
하루 종일 웃고만 있네
아무 말 없이
살랑살랑
어깨를 흔들며
얼굴 붉히는
그 뜻을 알겠네
옹기종기
정답게 반겨주는
꽃들의 마음
언제나 기쁨을 주어요

민들레 이야기

쏘옥 얼굴을 내밀고
세상 구경하는 민들레
따뜻한 햇살을 받으며
풀잎과 꽃잎을 키웠어요
하하하 호호호
웃고 떠드는 동안
어느 사이 하얀 머리카락
머리카락이 바람에 실려
훨훨 날아가 버리지 뭐예요
하얀 눈이 온몸을 덮었어요
너무나 추웠지만 기다리는 봄
봄을 기다리며 참고 참아내었어요
아~ 다시 봄이 돌아왔어요
나는 기지개를 펼치며
따뜻한 햇살과 눈 맞추며 행복했어요

신충훈
시인, 아동문학가, 문학박사, 총신대학교 영어교육과 및 동
신학대학원 졸업, 서울대학교대학원 졸업(M.A) 및
문학박사(Ph.D), 한국문인협회, 국제펜한국본부회원
아태문인협회 지도위원, 한국가곡작사가협회 이사,
동시집 『꿈이 있는 나무』 외 다수, 동화집 『꼴찌대장 팩팩이』
외 다수, 박화목 문학상 수상 외 다수

봄빛 외 2편

안 선 희

춘삼월 하고도 이레가 흐른 저녁
알쏭달쏭 포근한 입김 불더니
빨갛게 얼었던 차디찬 풀잎마다
초록빛 봄빛이 일렁일렁거렸다

저기 빌딩 숲속에 피어나는 연기
어쩐지 아지랑이 내음 풍기더니
길에서 만나는 사람들 입술에도
미소처럼 봄빛이 살랑살랑거렸다

고목 古木

다리를 땅속 깊이 내렸다
청초한 이슬방울들이 대지에 스며
온종일 시달리고 지친
내 다리의 근심을 함께 했으나
태양 빛에 기울고 바람결에 잠든
세상 모든 것들이
검은 휘장의 물결에 몸을 드리운
움츠린 고요 속에선
하늘만 쳐다보던 내 몸도
조용히 한숨을 토해냈다

나그네 뽀얗게 먼지 속에
떠난 뒤 이상하게도 나의 잎들이
부시시 여행을 시작했다
헐벗고 메마른 나의 가슴에
이른 겨울 발자욱만 남기운 채
멀어져 가버렸다
아아 그러나 나는 여전히
이 한 곳에 서 있다
땅속 깊이 내린 내 다리는
방랑을 알지 못하는 까닭에

우산

당신은 왼쪽
나는 오른쪽
우산을 나눠 쓰고
비를 피해 들어간 식당에서
얼큰한 전골에 소주잔 기울입니다

서로 다른 직장의 번뇌
맞장구를 찰떡처럼 치는 새
모든 화가 슬그머니 풀려
돌아가는 발걸음은
한없이 가벼웠습니다

오늘같이 비 오는 날이면
이제 나의 우산은 갈 곳을 잃고
하염없이 내리는 빗물에
한 사람의 얼굴을
자꾸만 씻어내립니다

안선희
시인, 교사, 작사가
한국문인협회, 부천문인협회, 한국가곡작사가협회
저서 『둥지에 머무는 햇살』 『사랑에 기대다』
『사랑이 스미다』
가곡악보집 『시를 노래하다』

침목枕木과 들꽃 외 2편

양 점 숙

누구도 부모 골라 태어날 순 없다지만
침목에 기대 목숨 보전한 여린 꽃
붉은 녹 응어리로 덮어쓴 적멸에 귀가 운다

바람 그다음에 어질어질 다시 일어서는
황새냉이 꽃다지 철 이른 망울 속으로
뼈대만 올려진 침목 눈바래기 하는 몸뚱이

허공을 쥐고 떠난 가슴 두 줄 빗금 올리고
눈물도 색동으로 달아 망울망울 봄빛일 때
또 한 번 만남을 위해 새하얗게 웃는다

나 웃을 수 있을까

너 없이도 웃을 수 있을까 웃을 순 있을까
어느 날 때론 때로는 웃을 수도

웃어도
눈물 나게 웃어도 바람 소리만 쓸쓸한

그렁한 눈물 속에서 때론 피식 웃다가
비바람 속에서도 꽃이 피듯이
너 없이 나 웃을 수 있을까 웃을 수는 있을까

섬진강가에서

서둘지 말라고 속삭이는 강가에서
꽃잎 퍼 올리는 시인이 산다는데
시인을 닮은 아이들 은어 떼 팔딱인다

굽이굽이 넘어가는 저녁놀을 따라서
수척해진 강물 음메 음메 울어도
아직도 벗어내지 못한 허름한 그 꼴지게

흐르는 것은
강물 아닌
사람의
시간

요령 울리고 임은 가도 사람은 넘치고
맑은 술 가득히 붓고 하늘 봐도 기척 없네

양점숙
1989년 이리익산 문예 백일장 장원,
가람시조문학회 회장 역임, 경기대학교겸임교수 역임,
현대시조 100인선 「꽃 그림자는 봄을 안다」
「아버지의 바다」 외
한국시조시인협회상, 가람시조문학상 외
한국시조시인협회 부이사장, 가람기념사업회 회장

봄바람 외 2편

엄원용

바람에
꽃잎 지면
이 봄이 다 간다기에
앞산 뒷산
피어나는
꽃을 보러 왔지요

산에 산에
진달래
붉게 물들고
올해도 봄바람에
꽃잎이 질까 봐
이곳저곳 두견이
슬피 우네요

우리 님 마지막
가신 그 길로
진달래
꽃길로 붉게 피어나네요

가을에 쓰는 편지

가을에 쓰는 편지는
눈물로 쓰여집니다

창밖에 바람이 불고
낙엽이 우수수 내리는 날이면
그리움에 온밤을 지새웁니다

창밖에 찬 서리 내리고
겨울이 오는 소리 들리는 날이면
서러움에 온밤을 지새웁니다

그대는
떠나고
밤마다 찾아오는
그대 발자국 소리
밤마다 속삭이는
그대의 목소리가 들려옵니다

가을에 쓰는 편지는
눈물로 쓰여집니다
가을에 떠난 사람아

이제는 잊었다 잊었노라고
그리워 눈물로 편지를 씁니다

보릿고개

고개 고개 넘는 고개
보릿고개 힘든 고개
보리 이삭 언제 익나
날 흐려서 더디 익네

냉수 먹고 배 채우니
왜 이리도 배고픈가
풀죽 끓여 먹어 보나
맛이 없어 못 먹겠네

임아 임아 우리 임아
보릿고개 들어봤나
사시장철 배고프다
보릿고개 돌아오면
임도 싫고 사랑도 싫고
배고픔이 제일 싫다

엄원용
한국가곡작사가협회·교회음악연구 협회·(사)한국수필가연대·
인사동시인들 회장 역임, (사)기독교문인협회 부이사장,
한국음악저작권협회 정회원
시집 『이 땅의 노래』 외 13권, 수필집 『뚝배기에 담긴 사상』
외 3권, 종교 및 일반서적 『기독교 이야기』 외 23권

길 위에서 외 2편

벽원 오 수 경

항상 꿈을 꾼다
안개가 자욱하고
아무것도 보이지 않는
낯선 길 위에서 우왕좌왕 헤매인다
과거와 현재 미래의 시간 속에서
영원한 사랑과 이상만을 추구하며
눈앞에 평화와 행복이 있는 것도 몰랐다

끝이 없는 길은 언제나 고독하다
희망이 없는 길은 매우 혼란스럽다
사랑이 없는 길은 늘 두렵다

멀리서 한줄기 빛이 들어온다
나의 사랑하는 딸아
두려워 하지마라
나는 너의 손을 한 번도 놓지 않았단다

맑은 영혼의 천상병 시인

세상이 각박하고 힘들 때
평생 막걸리 한 병과 시를 벗하며
아름다운 소풍 끝내고
자유로운 새가 되어
하늘로 돌아간
천상병시인이 떠오른다

평생을 무일푼
떠돌이 생활이었지만
당당하고 순진무구했던 시인

무엇이 그의 삶을
철학을 지배했길래
그렇게 힘든 생활 속에서도
어린애처럼 웃음을 잃지 않고
자유롭고 행복한 삶을 누릴 수 있었을까

순수한 마음
소중한 친구
한결같았던 연인의
헌신과 사랑
막걸리 한 병

아름다운 고독

하얀 새벽이 고독을 부른다
이제 고독은 고독이 아니다
나의 내면의 친구이고
나의 인생의 동반자라

이 아름다운 고독은
우리가 어디서 왔는가
우리가 어떻게 살아야 하는가
내가 누군가를 찾아 떠나는
나의 삶을 풍요롭게 하는 어린왕자라

진실한 사랑과 희망을 동반하는 고독은
지구별 소풍 길에 맑은 영혼을 선물하며
천국으로 가는 우리들의 친구이다

벽원 **오수경**
시인, 수필가, 초등교사, 한국가곡작사가협회 이사
한국동요작가협회회원, 대한문인협회회원
시인들의 샘문협회회원, 텃밭문학회회원
가곡 작시 「끝없는 사랑」 외 90여곡

희망의 화살표 외 2편

오 연 복

희망의 꽃말이라는 화살표 따라간
그곳에 하얀 산사나무 서 있네
꽃초롱 청초한 설강화도 서 있네
해맑게 손짓하는 희망의 꽃 이름

희망의 꽃말이라는 화살표 따라간
그곳에 노란 개나리꽃 있다네
꽃부리 영롱한 금영화도 있다네
황금빛 일렁이는 희망의 꽃 이름

봄날의 잔상 殘像

그녀는 연초록빛 꿈으로 피어나서
꽃봉오리로 사랑 노래를 불렀었지
품에 안길 듯 다가서다 바람처럼
홀연히 에움길 돌아선 아지랑이여

오늘도 속절없이 꽃잎만 떨구고 가네

그녀는 꽃다지에 순정을 심어 놓고
쪽빛 물망초 이별 노래를 불렀었지
안길 듯 안길 듯 오다가 뒤돌아서
홀연히 에움길 돌아선 아지랑이여

오늘도 속절없이 꽃잎만 떨구고 가네

회포懷抱

지난 세월을 휘감아보니
얼결에 반백 년이더라
결 따라 들여다보니
뫼비우스 띠이더라
건배 잔 기울이니
고샅이 나오고
한 잔 더하니
시장통이 나오고
오가는 잔마다 일렁이는
풋풋한 얼굴들 삼삼하더라
반백 년 만에 기울이는 술잔에
고향 갯바람 휘돌더라
어영 삼십 년 부영 스무 해
어영 휘돌더라 부영 휘돌더라
어영부영 휘휘 돌더라

오연복
시인, 작사가, 칼럼니스트,
(사)한국가곡작사가협회 회원, (사)한국현대시인협회 이사,
신문예문학회 부회장, 아태문인협회 부이사장,
전)샘문인협회 부이사장, 전)샘문 주간
대표 작시곡 「김치송」, 가곡CD집 출반 『부다페스트 아리랑』

3부
3월이 오면

3월이 오면 외 2편

오 태 남

3월이 오면
민족의 혼이
요동치며 부른다

그날
그때
우리 외침이

3월이 시작되어
온 겨레에
울려 퍼지며

만세에
이르기까지
불러본다

너, 나 하나 되어 꽃이 핀다면

조국이 하나였다면
이별도 없었겠지
너, 나 없이 바라는 것은
이 강산에 무궁화꽃이
원 없이 피어나기를 바라네

풀잎도 생기를 받아
새와 같이 노래하는 그곳
너도 가고 나도 갈 수 있는 곳
우리의 광명한 나라여

홍익이 되살아난
태극기 깃발 아래
무궁한 샘이 우리를 부른다

이제는 잠에서 깨어나
너, 나
하나 되어 꽃이 핀다면
얼마나 좋을까
얼마나 좋을까
우리의 광명한 나라여

그대의 그리움은

그대의 그리움은
그리움만은 아니었지

맑고 향기로워서
기쁨을 전하는
바람이었고

바람이 너무나 커서
슬픔일 때도 있었지

그리움이 길어지면
기다리는 아픔보다
서로를 받아들이는

오늘의 사랑이었다고
말하리라

오태남
시인, 작사가
한국가곡작사가협회 윤리담당 이사
대구일요화가회 회원
대구시하늘문학 회원

꽃그늘 아래서 외 2편

윤 준 경

1.
그대를 만나러
꽃그늘 아래로 가네
하얗게 내리는 꽃비 맞으며 가네
바람에 흩날리는 꽃잎의 향기

사랑도 인생도 꽃잎 같은 것
겨우내 꿈꾸어온 우리의 사랑
건들바람 불어와 지고 말다니
가랑비 한 번에 지고 말다니

2.
그대를 잊기 위해
꽃그늘 아래로 가네
하얗게 내린 꽃잎 밟으며 가네
바람에 흩어지는 꽃잎의 노래

우리들 인생도 꽃만 같아라
황혼이 꽃가마에 물들 때까지
영혼이 은하수로 넘칠 때까지
가슴에 얽힌 회한 떨치지 못해
머뭇머뭇 뜰 앞을 서성이는가
서성이며 누구를 기다리는가

7월 양수리에서

7월
양수리에 가 보셨나요
거기 어디쯤 발을 멈추고
물과 함께 흘러가 보셨나요
싱그러운 바람과의 이야기
물의 노래가 들리던가요

7월
양수리에 갔었습니다
물과 물이 몸을 섞어
큰 강을 이루고
그 깊이만큼 푸르게
흔들리고 있었습니다

팔랑거리는 수천의 나뭇잎
거기 어디쯤 나도 흐르고
흐르다 자취 없이 녹아내린 물방울
반짝 빛나는 듯 사라졌습니다

그대가 가리키는 곳은 언제나
먼 바다 보이지 않는 먼바다
오늘도 양수리는
그날의 당신처럼 푸르렀습니다

작은 알약 하나 만들어

아~~ 인생 너무 복잡해
좀 간단히 살면 안 될까

치즈 당근 사과 양파
먹어야 할 것도 너무 많아
런닝 팬티 양말 셔츠
입어야 할 것도 너무 많아
아 복잡해
복잡한 건 질색이야
좀 간단히 살면 안 될까

작은 알약 하나 만들어
그 알약 하나로 하루를 살고
작은 빛 한 줄기 비추면
그 빛으로 날개옷 만들어
하늘을 날면 안 될까

미움도 다툼도 없는 세상
내가 바라는 착한 세상
으음 올 거야 그런 세상
오늘도 알약 하나 꿀꺽
됐어! 충분해!

윤준경 尹俊卿
경기 양주생, 한국시인협회회원, 한국가곡작사가협회 이사,
도봉문인협회 부회장, 초등교사 역임
시집 『슬퍼도』 『봄』 등 6권 발간

투정도 사랑인걸 외 2편

이 광 녕

먹구름이 그려놓은 비웃음을 지우려다
고운 손엔 가시 박힌 서러움이 해 맑구나
입술엔 봉긋한 미소 숨어 피는 초심의 꽃
당신이 오기까지 서러움도 크더이다
연분홍 고운 인연은 하늘까지 닿으리다

울먹이며 잡은 손은 정겹기도 하건마는
톡톡 튀는 시샘만은 튕겨 나는 풀잎 같아
미운 정 곱게 여무니 투정도 사랑인걸
사랑이 농익으면 속 터져도 씨앗인걸
연분홍 고운 인연은 하늘까지 닿으리다

억새꽃 연정

넘어질 수 없음은 그리움 때문이야
모진 세월 서러움이 꽃술로 타오르네
그리운 마음일랑 하늘 한쪽 걸어두고
출렁이는 고운 정을 눈으로만 말하다가
속마음 바람에 날려 때로는 잊어야지

메말라 조인 가슴 다발로 타는 연정
갈대처럼 흔들리나 뿌리는 곧고 깊어
누구야 이리도록 눈감지만 잊힐 리야
고운 정 고인 맛에 산들산들 피는 사랑
그리움 홀씨로 번져 그대 품에 안기리다

그리운 내 고향

황톳길 접어들면 물총새도 반기더니
산조차 돌아앉은 희뿌연 고향 마을
솔바람 진달래꽃은 불러보면 꿈일레라
아- 그리워라 꽃동산, 정겨웁던 그 물소리
지금은 고운 산하 불러 봐도 대답 없네

꽃향기 일렁이던 뒷동산 파란 하늘
꿈이라도 좋겠네, 탁한 세월 벗는다면
여린 손 휘저으며 나직이 불러보면
아- 나부끼는 사랑이여, 내 마음의 고향이여
고운 님 청산마루에 그 얼굴 미소 짓네

효봉曉峯 **이광녕** 李廣寧
문학박사, 문예창작지도교수, 한국문인협회자문위원,
한국시조협회·시조문학진흥회·강동문인협회·강동예총·한국가곡
작사가협회·세종문학·미소문학·가교문학·문예춘추·청안문단·
월하시조문학회 등 회장역임및고문, 전통문화지도사
저서 『현대시조 창작』 『현대시조의 창작기법』 『시조창작모범교본』 등,
평론집, 논문 및 시조집 다수

청보리밭에 가면 외 2편

이 금 미

초록 물결 뚝뚝 떨어지는
청보리밭에 가면, 나는
농부의 아내

청보리 물결 일렁이는
오월의 정오는
산 꿩 소리 유난하고
알을 품은 까투리
꿩알 구르는 소리 들린다

미풍이 불어오는
조용한 오후
청보리 노랫가락이
푸른 바람을 타고
들판으로 번진다

달빛 품은 살사리꽃

초가을 밤
보름달이 너무 고와
살사리꽃 가득한 벌판을 찾았습니다

달빛이 유난히 고운 밤
살사리꽃은
풀벌레의 연주에 맞춰
가녀린 몸으로 탱고를 추며
초가을 밤의 추억을 만들고 있었습니다

가녀린 몸 사위에
가슴이 젖어오는 까닭은
살사리꽃을 품어주는
고운 달빛이 있음이겠지요

오월의 서귀포

달콤한 바람이
풀밭을 구르는
조용한 오월의 정오
무르익는 서귀포의 밀감꽃 향기로
코끝에 스미는 공기가 그윽하다

바람도 밀감꽃 향기에 취해
낮은 곳으로 낮은 곳으로만 돌아다니고
사람들도 밀감꽃 향기에 취해
얼굴에 미소가 번진다

서귀포의 밀감꽃 향기는
범섬 앞바다도
향기에 취하게 한다
얼마나 무르익으면 바닷물결이
저리도 고운 갈매빛으로 물들이는가

이금미
한국 페트라시가곡 음악협회 이사
한국문인협회회원, 제주문인협회회원, 한국미술협회회원
사)제주특별자치도시낭송협회 이사
시집 『바람의 연인』 수필집 『촛불을 그리다』

인연의 고향 외 2편

이 기 영

아픈 것도
슬픈 것도
모두 내려놓기 위하여
호남선을 타고서 여행을 떠난다

창가에 기대어
스쳐 가는 풍경들을
헤아릴 수 없듯이
지나온 사연들도 그러하여라

우리네 삶이
다 같을 바 없는 것을 알고
스스로 마음을 다잡으며
열심히 살아오지 않았는가

나를 위로하기 위해
억지로 칭찬하며
억지로 웃음 지어내며
나를 부추기며 살아간다

너와 나는 의료가족

잔잔한 바다 위에
내 마음을 실은 배를 띄우며
오늘도 무사히 항해하길
새벽부터 두 손을 모은다

우리네 인생이 항해하는 배와 같아
나는 환자들을 대할 때마다
같은 마음으로 치료를 하고
같은 마음으로 아파한다

그동안 어떻게 환자를 돌보며
얼마나 도움이 되었을까
오늘도 잠자리에 들지 못하고
두 눈을 깜박이며 시간들을 뒤돌아본다

마음을 다하였다 해도
아직까지 미치지 못한 의술들
그것은 신이 아니기 때문이라
환자들과 마주 보고 들어주고 말해주며
이목구비 하나라도 인류애라 여긴다

그날의 그리움

따사로운 말 한마디 하지 못하고
돌아서는 그 마음이려니 하면서
언제까지나 잊을 수 없는 그 순간
그 찰나가 얼마나 소중한 것인지

마음에 품고 사는 그를 향해
나는 벤치에 앉아서도 잊지 못한다
바람 불지 않아도 떨어지는 낙엽
가을은 소리 없이 내 곁을 떠나려나

눈이 내리기 전에
긴 겨울이 편안해지기 위해
두루두루 살펴봐야 한다

세상살이 아무리 고달프고
바쁘고 야박하다 해도
내 가슴에서 솟아나는 소망이 있어
그 그리움을 품고 살아낸다

이기영
한국가곡작사가협회 이사, 인사동시인협회 회원,
한국신문예문학회 지도위원, 아태문협 부이사장

새벽길 외 2편

이 미 옥

달빛 스미는 좁은 골목을
더듬거리며 바람 따라 걷는다
찬 공기 온몸을 적셔와도
묵묵히 그 길을 걷고 있다
마음속에 십자가 세워놓고
집이 멀다고 투정도 하지 않는다
좁고 어두운 이 길도 두렵지 않아
별똥이 떨어지는 새벽녘
졸고 있는 달빛은 빛을 잃어가고
떠오르는 태양은 달을 안았다
어두웠던 골목길도
붉은 빛으로 화사하다

도라지꽃

이슬 머금고 피어난
수줍은 도라지꽃

공방 문턱 넘나드는
호기심 많은 여인네들
도라지꽃을 스케치한다

격자무늬 벽돌 틈새로
수줍게 고개 내민 여린 풀잎들
도도한 자태를 질투하는데

오늘도 공방 문턱을 지키는 도라지꽃

님의 향기

비가 내리네
얼굴 시리도록 차갑게 내리네
누군가의 가슴에
겨울꽃을 피우게 하는 아침에
꽃 한 송이 훈훈한 마음 담아
꽃 너울 쓰고 온 님의 향기에 취해
가는 빗길도 모두 꽃길이어라

이미옥
한국가곡작사가협회 문화탐방 이사
(사)한국문인협회 중구지부 회장, 중구문인협회 회장
시집 『윤소의 노래』 『가슴속에 피는 꽃』
동시집 『책 속에 사자가 있어요』
작시 「계절의 노래」, 동시 「아이의 꿈」

독도

오선 이민숙

검푸른 바다에 우뚝 서서
하루를 밀어 올리는 햇덩이를
두 팔 뻗어 품어 안고
대한의 푸른 심장을 지키고 섰다

한국령의 깃발을 가슴에 꽂은 독도는
넘어져도 발딱발딱 일어서는 오뚝이같이
격동의 시대에도 오천 년을 이어 온다

대한의 긍지인가 혈손의 기백인가
동녘에 콕 찍은 복점
황금어장 품고 있는 온 국민의 사랑덩이를
괭이갈매기도 알고 있었는지

오천만의 염원을 날개에 달고
지천의 힘으로 끼룩~ 아리랑
끼룩 끼룩~ 아리 아리랑
하얀 태극기가 되어 하늘을 지키고

무궁화의 기운을 담뿍 받아
땅을 지키는 보랏빛 해국은
조국의 바램을 꽃잎에 담아 놓고
덩더쿵 쿵덕 덩더쿵 쿵덕
뿌리마다 지신을 내려 세세 무궁 피고 지고 핀다

오선 **이민숙**
뜨락 밴드 대표, 한국문인협회 정회원, 대한문인협회 행정국장,
한국가곡작사가협회 이사
제18회 황진이 문학상, 제9회 매헌 윤봉길 문학 대상
제10회 순 우리말 글짓기 은상
저서 『힘이 되는 당신이 참 좋습니다』 『오선 위를 걷다』
『오선지에 뿌린 꽃씨』 국내 문예지 동인지 30 여권 참여
작시가곡 및 작시합창곡 「안개꽃」 「눈꽃 사랑」
「추억의 빗방울」 「내 마음에 머문 그대」

광화문光化門 외 2편

이 복 현

닫힌 마음 문 열면 눈물 고인 산하山河
청잣빛 하늘 위로 우뚝한 광화문
치솟은 용마루 끝에 햇살도 눈부셔라

한 왕조 품어 안은 아미산을 등에 업고
찬란한 아침 해를 가슴으로 받아 안아
육백 년 한을 접은 채 침묵으로 앉았다

임진년 그 수난을 아리게 여며 안고
타오르던 눈동자 핏발 아직 덜 삭아서
이 가을 훤한 불길로 등줄마다 치솟는다

저 부리 한을 쪼아 북악北岳은 눈먼데
날 푸른 한천寒天 접어 아픈 역사 헤아림에
아직도 몸을 못 푼 채 슬픔을 품은 새야!

오랜 세월 적막 깨고 일어서는 까치 소리
문설주 돌쩌귀에 새긴 뜻을 찾으란다
광화문 주춧돌마다 눈물 다져 앉는다

무궁화 無窮花

하늘 맑은 이 땅에 유난히도 환한 꽃
세상천지 온갖 꽃이 백화난만 百花爛漫 하여도
한 송이 무궁화 앞에 빛을 잃고 마누나

희고 맑은 바탕은 백의민족 참됨이라
고고한 자태는 굽힘 없는 기상 氣像 이요
뜨겁게 뻗친 꽃술은 배달겨레 핏줄일 제

끈질긴 뿌리는 생명의 원천이며
곧게 벋은 줄기는 정의의 상징인 저
선열 先烈 의 일편단심이 숨소리로 깃들다

산야 山野 에 풀과 나무 저리 무성하여도
끝까지 살아남는 네 슬기에 못 미치매
한민족 韓民族 넋을 담아서 대한 大韓 의 꽃이로다

하늘이면 무슨 별이 이토록 빛날 거며
땅이면 어느 꽃이 이보다 더 어여쁘랴
겨레의 혼불이 되어 활활 피어올라라

지혜롭고 슬기 있는 민족의 표상으로
아름다운 조국 산하 祖國 山河 울타리가 되어라
온 세계, 만방 萬邦 을 향한 큰 빛으로 벙글어라!

희망

폐허의 하늘에도 별은 뜬다
폭풍이 지나간 벌판에도 새들은 날아들고
부러진 나뭇가지 끝에서도
새 움은 다시 돋으리

밤 깊은 가슴에도 아직
스스로를 밝힐 촛불 하나는 남아 있지
세찬 바람에도 꺼지지 않는
내 영혼의 불꽃 하나

아~ 아~ 재 속에 살아있는 마지막 불씨처럼
얼어붙은 혈관에 뜨거운 피 한 방울,
최후의 발화를 꿈꾸는 성냥개비 하나는
언제나 내 안에 남아있다

사위는 불빛 아래 차고 푸른 세상의
못다 쓴 일기를 들여다보며
지상에서의 마지막 사랑을 덮혀 줄
따뜻한 눈물 한 방울은 언제라도
내 안의 샘에 남아있다

이복현
1994년 《중앙일보》 시조백일장 장원, 월간 《문예사조》 신인상(시) 등단
1999년 대산창작기금(시 부문)받음, 2012년시조시학상(본상)수상,
2021년 충남문화재단 전문예술인(문학부문)창작지원금 수혜
시집 『한쪽 볼이 붉은 사과』 등 시집 3권, 시조집 1권
한국시인협회상임위원, 충남작가회의 이사, 한국작가회의 회원

밥 외 2편

이 율 리

누군가가 해주는 밥은
다 맛있다

누군가가 차려준 밥은
다 맛있다

평생을 누군가로 사신
엄마

365일 맛없는 밥을 드신
엄마

나
누군가가 되려하니
아니 계시네

나이

말소리가 커진다
TV 소리가 커진다

쳐다도 안 보던
전철 빈자리가 보인다
후다닥 앉는다

너도 그럴걸
내 나이 되면

나이는
숫자가 아닌
현실

아이

엄마는
나를 혼내는데

난

왜

엄마를 혼낼 수 없을까

이율리
시인, 수필가
한국문인협회 회원
한국가곡작사가협회 회원
가곡작시 「서산 아리랑」 「그리움은 내 가슴에」 외

오월의 사랑나무처럼 외 2편

예 송 이 한 현

하늘을 바라보는 것처럼
너를 사랑하는 것이
어렵지 않으면 좋겠는데
이렇게 제자리걸음만 하는데

잠시 생각하는 것처럼
너를 사랑하는 것이
오래지 않으면 좋겠는데
이렇게 멍한 날만 흘러가는데

너와 나의 사랑이
오월의 사랑나무처럼
불타는 장미꽃이면 좋겠네
샘솟듯 웃음꽃이 피면 좋겠네

독립운동가의 비석

해 뜨는 아침부터 저물녘까지
역사를 잊지 말라는 듯 우뚝 서서

시계 바늘 같은 망각의 세월을
뜸을 뜨듯 새겨 놓은 단단한 비석

가는 길 아득하던 대한독립과
자유로운 나라의 건국을 위한

성스럽고 위대한 통증의 혈서가
눈 부릅뜬 앞에서 머리를 숙이네

하얀 마음 고운 님

지난밤 몰래 손님이 찾아왔네요
하얀 마음 고운 님 춤을 추며
온 세상을 순백으로 도배를 했네요
티 없는 사랑 포근한 가슴으로
따뜻한 이불을 덮어 주었네요
뽀드득 뽀드득 눈길 속을 걸어갔더니
흐린 내 마음에 해가 뜨네요

지난밤 깜짝 손님이 찾아왔네요
하얀 마음 고운 마음으로 살라고
온 세상을 순백으로 치장을 했네요
넘치는 사랑 부드러운 손길로
하나 된 세상을 만들어 주었네요
뽀드득 뽀드득 선물 속을 걸어갔더니
어둔 내 마음에 달이 뜨네요

이한현
아호 예송, 조선일보 신춘문예 당선, 한국가곡작사가협회 감사
한국음악저작권협회 회원, 행복티뷰크재가복지센터 대표
제4회 한국가곡예술인상 수상

사부곡 외 2편

운향 이 희 선

내 삶의 원동력이 당신의 숨결이었음을
이제 압니다
아픈 가슴 저편에 늘 웅크리고 있는 당신
모질게 끊어내고 가버린 그대
그러나 나를 떠나지 못하는 당신의 영혼
침묵으로 지킬 줄 몰랐습니다

아픔이었을 순간에도
애착의 고뇌가 있었을
애달픈 생이었음을
늦게야 기억합니다

토닥토닥
당신께서 내게 주신 사랑
떠남임을 알기에
지금 더욱 애절합니다

미처 알지 못해 후회스러운 나날들
보고 싶어 간절한 나의 기도는
물거품이 됩니다
죽어서야 다시 피어나는 사랑
내가 살아가는 힘이 당신이었음을 이제 압니다
그러나 이젠 늦어버린 부질없는 사랑이여

그리움의 부피

달무리 안에 꼭꼭 숨어있는 그대
은하의 길 따라 어디로 흘러가는가
내 가슴에 오롯이 그대로 남아
이토록 아프게 슬픔으로 피어올라
고통으로 아려 오네

돌아올 수 없는 길 떠나가신
불러보고 안기고 싶은 내 사랑 그대
보고 싶은 그대 애닮은 환영 속에
그리움도 고통이어라
소중하게 감당할 수 있도록
아름답게 오소서 그리움이여

꼭꼭 아껴두고 하지 못한 말
사랑해요 고마워요 미안해요
왜 그리도 인색했는지
천 번 만 번 가슴이 터지도록 외쳐도
이제는 전할 길 없는 메아리일 뿐
미안해요
고마워요
너무너무 사랑해요

매길 수 없는 인생 평가서

보기도 없는 주관식의 삶을 살았다
모든 것은 선택 없는 운명적인 만남이었고
올곧은 사랑은 피곤했었지
버거워도 버겁다 말할 수 없는 내 삶은 그랬었다
당신과 나는 거부할 수 없이 펼쳐지는 일들을
숙제하듯 풀어가며 열심히 살았었지
홀시어머니와 장애 아들까지 삼 남매를 힘에 부치게 키우며
꼼수를 부릴 틈도 시간도 주어지질 않았다
그 시대는 그렇게 모든 게 내 몫이고 감당해야
된다고 생각했었다
융통성도 없이 밤낮으로 그렇게 사는 것이
그것이 사랑이고 내조라 믿었다
그 결과 지금은 온몸이 망가지고 병들어
당신이 떠날 때까지 고통스럽게 살았다
왜 그렇게 어리석었을까
남들처럼 남편에게 도움도 청하며 선택해서
혼자 이고 지고 살지 않아도 되었을 것을
원죄 때문에 큰일 나는 줄 알며 모질게도 살아온
부질없는 생애
자식 잃고 정처없이 당신도 떠나고
채찍질하며 허무하게 살아온 부질없는 인생
이렇게 떠나가면 다 끝인 것을 보잘것없이 초라한
어리석은 가련한 여인의 일생이여

운향 **이희선**
한국 문인 협회 회원, 국제 펜클럽 한국 지부 회원,
삼강 시인회 부회장, 한국창작가곡 협회 부회장,
문학예술 경인지역 감사, 한국작사가협회 연주이사
저서 『멈춰선 그리움 숲은 잠들지 않는다』 공저 외 다수

내 마음의 별 외 2편

임 승 대

어두움이 내리는 저녁
산책길에 나서는 길
저 높은 하늘에 총총히 박힌 별이 빛난다

무수히 많은 별이 움직이며 오가는데
별들은 조금도 다투는 일 없이
언제나 그 자리를 지키며 빛을 발한다

인간은 시기 질투하고 전쟁도 벌이지만
셀 수도 없이 많은 별은 서로 간 마주 보며
하나님의 명령에 따라 살고 있다

저 별은 너의 별 저 빛나는 별은 나의 별
밤마다 떠오르는 별들을 벗 삼아
먼 훗날 아름다운 별나라 우주여행을 꿈꾼다

마음의 고향

고향 생각을 떠올리면
언제나 마음이 평안하다
살구꽃 복숭아꽃 활짝 핀 마을
정감 어린 모습이 내 눈 속에 또렷하다

고향 노래를 부르면
언제나 정겨움이 가득하다
동구밖에서 반기시던 어머니 모습
꿈에라도 나타나 주시길 바라본다

고향 모습을 그리면
언제나 즐거움이 가득하다
느티나무 밑에서 재잘대던 친구들 모습
내 마음에 잔잔히 여울져 온다

고향 들판을 생각하면
언제나 눈물이 날 것 같다
힘들게 일하시던 부모님 생각에
내 마음은 어느덧 그리움으로 물든다

행복을 채워주는 그 곳

구름도 산에 걸려
맴돌다 돌아가는 그곳
동서네 장수군 별장

아랫마을로부터 2Km 떨어져
인적은 드물지만
들리는 바람과 새 소리가 좋다

아침과 저녁이면
서늘함이 감돌아
폭염의 날씨를 잊는다

이른 아침 맑은 공기는
내 가슴속 깊이 들어와
행복감으로 가득하다

임승대
한국가곡작사가협회 수석부회장
대륙문인협회 사무총장
한국문인협회·국제펜한국본부 회원
전 구로구청 재무과장
시집 『기억의 바다』

난초 외 2편

임 재 화

곱게 핀 난초 꽃송이
잎새 사이로 보일 듯 말 듯
차마 수줍어하는 고운 임 모습
목 길어 괜스레 가슴 시리고
기다란 꽃대 여린 듯싶어도
올곧은 기품만 서려 있네요
내면 깊숙한 곳 굳센 마음과
겉모습 단아함 두루 갖추고
늘 순결하고 그윽한 모습이라오

곱게 핀 난초 꽃송이
옥색 꽃잎을 부여잡고서
차마 수줍어하는 고운 임 모습
목 길어 괜스레 가슴 시리고
기다란 꽃대 여린 듯싶어도
올곧은 기품만 서려 있네요
마음 깊은 곳에 슬픔 있어도
내면 강인함으로 잘 이겨내고
늘 순결하고 그윽한 모습이라오

솔바람 소리

늘 푸른 소나무가
계곡 옆에 우뚝 서서
늘어진 가지 끝마다
찬 이슬이 맺혔는데

맑은 물 쉴 틈 없이
깊은 계곡을 흘러가고
이따금 솔바람 소리가
청아하게 들립니다

청정한 계곡에서
내 마음도 동화되어
저만치서 맑은 물소리
함께 따라 흐르고

한적한 깊은 산 속
인적도 끊긴 계곡에서
이따금 솔바람 소리
온 누리에 울립니다

산 목련꽃

맑은 물 은구슬처럼 반짝이는 곳
깊은 계곡 구름다리 건너왔을 때
연둣빛으로 물드는 고요한 숲속
밝은 햇살 잠깐 찾아와 비칠 때면
숲 그늘 드리워진 목련 나뭇가지에서
산 목련꽃 다소곳이 고개를 숙인다

아무도 찾지 않는 깊은 계곡에
맑은 물 은구슬처럼 반짝이며 흐르고
출렁이는 구름다리 지나서 걷노라면
어디선가 그윽한 꽃향기 풍겨오는데
숲 그늘 드리워진 목련 나뭇가지에서
산 목련꽃 다소곳이 고개를 숙인다

먼 산 높은 산봉우리 위에서
흰 구름 한가롭게 머물러 있는데
맑은 계곡물 쉼 없이 흘러만 가고
인적 하나 없는 숲길을 걷고 있을 때
갑자기 빗방울이 후두둑 떨어지면
괜스레 외로움에 마음이 서럽습니다

임재화
(사)창작문학예술인 협의회, 대한문인협회저작권옹호위원회 위원장,
대륙문인협회시조분과위원장, 한국가곡작사가협회 이사,
한국음악저작권협회 회원
한국문학 공로상, 베스트셀러 작가상 2회,
한국문학예술인금상 2회수상 외
2020대한민국가곡합창제창작가곡 참여, 각시붓꽃 작사 외
시집 『대숲에서』 『들국화 연가』 『그대의 향기』

탄생 외 2편

초원 장미숙

맨땅을 밀고 오르는 새순을 보네
까만 하늘에서 수많은 별이 빛나고
어둠 속에서 새 빛을 품고 있는 태양
모든 것이 없음에서 생겨나건만
흐르고 흐르다 지친 돌조차
왜 가만히 두지 못하였을까
화분 밑에서 야위어가는 돌들
하늘길 물길 살아온 길 돌고 돌아
있던 제자리 찾아주고 싶네
담을 줄만 알고 버리지 못한
열심히 살아온 시간의 무게여
잡고 있던 인연의 끈 살며시 풀어
보내고 싶지 않은 사랑까지도
가만가만 놓아주어야겠네

행복의 토끼풀

팔목에 묶은 꽃시계가
행복의 시간을 알려주어도
세 잎 토끼풀을 밟으며
해 저물도록 행운을 기다려
네 잎 토끼풀을 찾아 헤맸다
한참을 떠나있어도 멀지 않고
언제라도 부르면 다가오는 그 행복
존재하는지도 모르는 행운을 찾느라
가까운 행복에 소홀하다가
많이 외로워 본 사람은 안다
긴 강을 건너 강변 돌에 앉아서
건너온 강물을 고요히 바라보면
아스라이 흘러가는 시간마저 소중한
그 마음 안에 행복이 있음을 안다

이 슬

만져볼 수도 안아볼 수도 없지만
그대 깊은 가슴은 사랑의 샘터
풀잎 위에서 햇살에 빛나고
시간에 소멸되는 아련한 숨소리
새벽 고요 속에 살그머니 왔다가
무심한 듯 어느새 사라지지만
영원할 수 없어 아름다운 사랑
연약한 그대 가슴에 머문다
이른 아침 서둘러 길을 나서면
풀잎 위 맑은 이슬방울에서
그대가 빛난다 그대가 웃는다

초원 장미숙
한국가곡작사가협회 부회장, 한국문인협회회원,
에피포도(미국)문학상, 문예사조문학상
시집 『목마른 낙타』 『나비의 눈으로』 『다가가기』
시가곡집 『노을이 탄다』
가곡작시 「첫눈 오는 밤」 「산새와 나는」
「달빛 쓸쓸한 밤」 (KBS위촉가곡)외 다수

도화꽃 사랑 외 1편

장윤숙

한계 된 영원 속에 밤새도록 꿈속에
그대와 내 사랑이 도화꽃 그늘 속에
이 한 밤 지새도록 최상의 사랑 노래

둥개 둥개 둥개디야 우리 사랑 도화꽃
붉게 붉게 짙어서 두 몸 속 혈루 자욱
둥개 둥개 둥개디야 피고 핀 도화꽃

꿈같은 현실 속에
새날 밝아 일상 속에
그대와 내 사랑 도화꽃 사랑 속에
한낮이 지나도록 최고의 사랑 노래
둥개둥개 둥개디야 우리 사랑 도화꽃

붉게 붉게 짙고 짙어 한 몸 속에 혈루 자국
둥개둥개 둥개디야 지고 져도 도화 사랑

올봄에는 도화꽃 속에
부르고 불러보리
지고 지순 사랑 노래

사월 초파일 가장 소중한 당신

당신은 오뉴월 붉은 열정의 장미
꽃 중의 꽃인 모란은 아닐지는 모르지만
나에겐 한 떨기 수선화요 백합이요
백향목 같이 둘도 없는
가장 소중한 꽃이랍니다

그 어느 날의 초파일
단둘이 부처님 기피 받아
한줄기 선연한 태양 빛으로
나에게 스며든 빛 그리고 꿈
사론의 향기 그윽한 정원에
행복이라는 꿈나무 심고
고매한 꽃향 풍기고 튼실한 열매로
영원에서 영원까지
이 세상 그 누가 무슨 말을 할지라도
나는 상관하지 않으렵니다

석류의 계절에 알알이 영글은 석류알
풍성한 열매로 천진난만한 어린아이 같은 당신
지고지순한 순결과 경의로움
나 홀로 보듬고 그 향기에 취해
언제나 행복하고 또 행복하렵니다

기나긴 삶의 고해 바다
당신의 긴 호흡 속에서 하늘 문 열리는
그 순간까지 당신과 함께
고매함과 열정으로 영원에서 영원으로
함께 걸어가야 할 내 소중한 당신
그대는 내게 영원한
한 떨기 수선화요 백합이요 백향목입니다

장윤숙
시가 흐르는 서울 문학회, 낭송회 부회장, 한국문인협회 회원,
한국시낭송가협회 회장
한국가곡작사가협회 이사, 황금찬 문학상 대상 외 다수
가곡 작시 「봄마중」 외 6편

비 그치고 나면 외 2편

전 관 표

비 그치고 나면
네 얼굴을 씻고
우리 들판에 반짝이는 봄꽃을 뿌려
말없이 떠나간 친구를 잊으려 해

비 그치고 나면
내 창문을 열고
우리 강물에 반짝이는 윤슬을 그려
서글피 울었던 눈물을 닦으려 해

비 그치고 나면
맨발이라도 나아가
우리 청춘의 너른 연둣빛 마셔
잠시라도 찬란한 날들을 담으려 해

봄이 온다

봄이 온다
새로움의 시작이며
높고 낮음도
많고 적음도 없이
바람에 실려 어느 곳이라도 온다

바램도 없이
그저 연분홍 수수함으로
개울물 맑은 소리로 온다

해 넘어간 산등성이를 따라
찬기 어린 별빛을 품은
풋풋한 가슴으로 온다

겨우내 다 해진 마음을
시리고 처진 어깨를 꼭 안아줄
그 새로운 계절이
이제 내게로 온다

되돌아보면

그대에게
봄날의 밤은 어디서 오나요
되돌아보면
어깨라도 가볍게 토닥여 줄걸
몇 자 끼적거린 편지는
밤새 달빛에 지워져 버려
이렇게 늙어버린 나의 봄

그대에게
봄날의 밤은 어디서 오나요
되돌아보면
손이라도 가볍게 흔들어 줄걸
불현듯 두드려 대는 가슴은
터질 듯 벅차오르는 설렘
이렇게 숨차 오른 나의 봄

전관표
아시아문예 신인상
아송문학회 부회장
한국가곡작사가협회 회원
한국문인협회 회원
시집 『다시 길을 걷자』

4부
나는 햇빛도 달빛도
좋아한다

나는 햇빛도 달빛도 좋아한다 외 2편

전 산 우

푸른 하늘
저 깊고 아득한 영원으로부터
밤하늘 폭죽처럼 쏟아지는 햇빛을 나는 좋아한다

넓은 세상
저 지평선 너머 수평선 너머까지
봄날의 벚꽃처럼 떨어지는 햇빛을 나는 좋아한다

편애하지 않는 가슴으로
하루치의 광주리를 말끔히 비운 햇빛과
배턴 터치를 하고 나타나는 달빛을 나는 좋아한다

집을 나와 떠돌던 나그네의 귀갓길에
괜찮다고 다 괜찮다고 대문 활짝 열고 기다린다고
따뜻하게 등을 떠미는 달빛을 나는 좋아한다

나는 햇빛도 달빛도 좋아한다
광명 뒤에 오는 암흑을 기다리고 좋아한다
암흑 뒤에 오는 광명을 기다리고 좋아한다

예쁜 동생 하나 생겼으면

할머니랑 손잡고 길을 나서
아장아장 마트에 가던 날
이것도 사고 저것도 사고
그만 사고 집에 가려고 할 때
동생도 하나 사 가자고
할머니에게 말했어요

그랬더니 동생은 마트에서 파는 게 아니라고
엄마 아빠에게 어디서 파는 건지
하나 사다 달라고 말하랬어요
동생 하나 생겼으면 정말 좋겠는데
마트에서 다른 건 다 팔면서
동생은 왜 안 파는지 모르겠어요

예쁜 동생 하나 생겼으면
정말 정말 예뻐해 줄 건데요
업어주고 놀아 주고 그럴 건데요
예쁜 동생 하나 생겼으면
정말 정말 예뻐해 줄 건데요
업어주고 놀아 주고 그럴 건데요

어느 날 문득

꽃잎 하나에
문득 생각나는 그 사람

낙엽 하나에
문득 생각나는 그 오솔길

아, 그 사람
그 봄날 꽃잎이었던 사람
그 가을날 낙엽이었던 사람

어느 날 문득
잠든 기억 속에서 걸어 나왔다가
손을 흔들고 사라지는 사람

어여쁜 얼굴 하나
서러운 눈물 하나

꽃잎처럼 아름답던 그 사람
낙엽처럼 사라져 간 그 사람

전산우
전)시산문학작가회의 회장, 한국가곡작사가협회 감사
시집 『산속을 걸었더니』 등 다수, 단편소설 『눈물 꽃』 등 다수
가곡작시 「꽃 바보」 등 다수
제1회 시산문학상·제7회 한국가곡예술인상 수상

나의 길 걸어가리 외 2편

전 세 중

이 마음 비우고서 나의 길 걸어가리라
노을 머문 들녘에서 산새들 속삭이고
아름다운 노래 가슴으로 들으며 가리라
발걸음 닿는 데로 저 구름 흘러가고
가리다 자유로이 가리다 나의 길 걸어가리라
나의 길 숲속의 새들도 반겨주리
나의 길 걸어가리라 자유로이 나의 길
걸어가리라 나의 길

들 지나 강을 건너 나의 길 걸어가리라
맨발의 바람 빈 들녘 울리며 지나가듯
마음먹고 가다 보면 없는 길도 보인다네
등불 켜고 가리라 넝쿨이 길을 내듯
가리다 여유롭게 가리다 나의 길 걸어가리라
나의 길 하늘의 축복이 있으리라
나의 길 걸어가리라 자유로이 나의 길
걸어가리라 나의 길

한삼자락

소리의 정원에 노니는 한삼자락
저 넓은 초원을 흔드는 아우성인가
있는 듯 없는 듯 다가오는
다가오는 원만함에
한자락 숨결로 한올 한올 다가오네
끊어질 듯 이어지는 신명난 춤사위
휘는 듯이 곧게 뻗어 허공을 가르네

저 빈 하늘 나는 그대의 청아함이
은은한 달빛처럼 고요히 흐르나니
푸는 듯 맺힌 듯 이어가는
맺힌 듯이 이어가는
천년의 울림소리 너울너울 여울지네
청산은 그침 없이 끝없이 펼치는데
그 춤사위 내 맘속에 머물게 하소서

태극기

저 높은 곳에서 휘날리는 태극기
우리 겨레 우리나라 표상이어라
볼수록 좋아요 아름다운 태극 문양
삼천리 방방곡곡 펄럭이어라
집집마다 마을마다 세계로 대양으로
자랑스런 태극기여 영원하여라

전세중
울진진세출중생, 한양대학교 행정대학원(석사)
시인, 수필가, 칼럼리스트, 사진작가
농민신문신춘문예 시조 당선, 열린시학 시 등단
한국가곡작사가협회 이사
시의 향기 회장, 나사문협·송파문협 부회장
한국아동청소년협회 운영위원·대한민국순국선열유족회
음반 『가곡모음 제1·2집, 시인의 노래』 (34곡) 발간
「울진아리랑」 등 동요·가곡 120여곡 작사, 저서 30여권

봄산 외 2편

전 호 영

봄산은 임산부다
나날이 배불러오는
행복한 미소
굵어진 산허리가
연록으로 물드네

백전 물레방아

내 고향 강원도 정선
외할머니 체취 남은 백전에는
우리나라 최고령 물레방아
아직도 돌고 있다네
더 이상 방아는 찧지 않고
흐르는 물줄기에 두 눈을 감고
먼저 간 친구들 떠올린다네

사북에서 노나무재 넘어
막내 이모 살고 있는 백전에는
이모와 술래잡기하던 물레방아
아직도 돌고 있다네
더 이상 방아는 찧지 않고
흐르는 물줄기에 두 귀를 열고
물레방아 도는 사연 들려준다네

황태의 고향

찬 바람 부는 겨울이 오면
하얀 눈 뒤집어쓰고
동안거에 드는
하늘 향해 합장하는 명태
호적에 올린 것도 아닌데
황태의 고향이라며
인제 용대리에는 만장이 나부낀다

북해를 돌고 돌아 타향살이 서럽지만
정붙이고 살붙이고 오대양을 떠돌다가
배를 갈라 내장을 내주고
하얀 속살까지 정갈히 씻고
오래전 잃어버린 고향의 바람과 햇살에
들뜬 몸 노랗게 물들어 간다

나도 고향이 강원도라고 통성명하고
인제 용두리에서 겸상을 하는데
황태는 말없이
살도 국물도 아낌없이 내주네

전호영
강원도 정선 사북 출생, 수원 거주
'詩山' 회장 역임, 현 편집국장
조경업 종사
시집 『산에서라면』 외 3권

봄비 외 2편

주연 정 희 정

창문에 흐르는 빗물
회색으로 물들인 하늘의 얼굴
촉촉한 빗물 같은 흔적
빗줄기 속에 그려지는
동그라미 바라보며 걷습니다

봄비 적시던 날
버드나무 한 가지는 내 어깨로
그림자 길게 드리워져
우산 속에 홀로인 나
그대 있어 외롭지 않습니다

그리움 먼 곳에 있어도
우산 속엔 혼자이면서 둘입니다

연리지 영원한 사랑

서로 가장 뜨겁게 휘감는
아름다운 어울림이여
너와 나 섞이어 더욱 숭고해지는
하나 됨이여

가장 아름답고 황홀하게
따스한 햇살 가지에 가득 채운다
소중히 접어 둔 흔적
눈부시게 타오르는 불꽃이여

영원불멸 꺼지지 않는 불씨
나 그대 위한 사랑의 멜로디
영혼까지도 하나의 뿌리로
저 고귀하고 오롯한 사랑이여

여운의 향기

연인이 아니어도
지금은 무얼 하고 있을까 궁금하고
쓸쓸하고 외로울 때 보고 싶고
날씨가 좋은 날에는 괜스레
우연이라도 만나서 차 한잔 하고 싶다

아침 이슬 흠뻑 머금고
막 피어난 은은한 하얀 찔레꽃
자잘한 미소 얼굴로 튀어나와 뒹굴고
붉은 햇살 머금은 눈웃음
마주한 내 가슴 가득 엔도르핀이 솟는다

만약에 내가 만약에 그 누군가를
사랑하는 것이 가능하다면
진실하고 다정한 그대를 사랑할 거라고
영원히 그대만 사랑할 거라고
햇볕도 찬란한 어느 봄날 오후

주연 **정희정**
대륙문인협회 부이사장, 서울시인대학 운영이사,
아시아 서석 문학, 한국가곡작사가협회 운영이사,
제11회 서울특별시청소년지도자 대상
허난설헌문학상 시 부문 대상(국제문화예술협회)
송강문학예술상 시 부문 대상(한국 신문예협회)
공로상. 문학공헌대상(서울시인대학)
시집 제6집 『강을 품은 달』 외

사랑의 향기 香氣 외 1편

조 영 황

놀라워라 주 몸 죽여 날 살리신 그 큰 사랑
죄와 형벌 못 견디는 날 건지신 고귀한 꿈
주의 길은 오직 아버지의 뜻을 이루는 일
주의 길은 오직 인류의 죄를 해결하는 일
놀라워라 주 몸 죽여 날 살리신 그 큰 사랑
그 사랑의 향기 고마워 내 평생 찬양하리
그 사랑의 향기 감사해 내 평생 충성하리

놀라워라 주 몸 죽여 날 살리신 그 큰 사랑
사망 권세 이기시고 성령 보내신 영원한 꿈
주의 길은 오직 아버지의 뜻을 이루는 일
주의 길은 오직 인류의 죄를 해결하는 일
놀라워라 주 몸 죽여 날 살리신 그 큰 사랑
그 사랑의 향기 고마워 내 평생 예배하리
그 사랑의 향기 감사해 내 평생 전도하리

사랑의 수문壽門을 열어

쫓기고 눌린 시간을 뒤로하고
물속 깊이 감춰 둔 마른 신작로

희망으로 내딛는 삶의 출발선
환란이 와도 후회는 없으리라

정작 배고픔은 창자가 아닌
정착하지 못한 영적 갈급함

사랑의 냇물이 흐르는 동산
진리로 옷 입어 나래를 펴자

말세지 말에 나의 신앙생활
우리 주께 무엇으로 나타낼까

간직한 사랑의 수문을 열어
온 세상에 주 사랑 전하세

조영황
서울출생, 시인, 기업인
한양대학교 경영대학원 석사졸업(MBA)
문학예술 신인상 시 부문 등단
문학예술서경지회 이사, 유넥스코리아 대표(공간건축디자이너)
한국가곡작사가협회 이사, (사)서울우리예술가곡협회 부회장
(사)한국음악저작권협회 회원, 현 작곡가 김성희 음악카페 회장
가곡 「고백하지 못한 사랑」 외 50여 편,
찬양곡 「마라나타」 외 20여 편, 의식곡 「열두 시간」 외 5편

봄의 전령사 외 2편

조 해

아직은 이르다 피지 말라며
이른 봄 함박눈은 내리건만
새 봄날 첫 꽃으로 피고 싶어서
눈 속에서 어엿이 피어나는 고향 진달래
그 얼마나 기다린 봄이었기에
얼었던 몸도 녹을새 없이 서둘러 피었는가
산마다 물결치는 연분홍 진달래꽃

아직은 이르다 울지 말라며
이른 봄 눈바람은 매서운데
새 봄날 첫 노래는 제 몫이라며
고운 목청 하늘에 울려가는 고향 종달새
그 얼마나 기다린 봄이었기에
남 먼저 봄의 전령사 되어 봄 노래 부르는가
새봄이 흥겹구나! 정다운 종달새야

제주의 봄

눈꽃 띄고 방실방실 웃음 짓는 동백꽃
정들었던 그 겨울을 붙잡고 있는가
어느새 유채꽃 산방산에 노랗게 피어
끝없는 바다와 어울려 일렁이네
이 땅의 봄의 시작 이월의 이른 봄
아름다워라 제주의 봄 봄 봄

어디에서 살랑살랑 불어오는 바람인가
가슴을 적셔주는 향긋한 감귤 냄새
겨우내 바다에 머물다 바람이 되어
봄 향기 날리는 봄바람 꽃바람
이 땅의 봄의 시작 이월의 이른 봄
아름다워라 제주의 봄 봄 봄

유채화

그 어떤 고운 꿈을 품고 피기에
그토록 환희에 설레는가
그 어떤 뜨거운 정을 품어서
들불인 듯 광야를 불태우는가
송이송이 천만 송이 꽃 꿈이 설레는
너의 꽃 바다에 빠지고 싶어
너의 불길 속에 불타고 싶어

백록담 구름의 물 이슬 되어서
화사한 네 얼굴 씻어 주고
백두산 천지 물 정기를 내려
갈망에 지친 가슴 적셔주누나
송이송이 천만 송이 꽃 꿈이 설레는
너의 꽃 바다에 빠지고 싶어
너의 불길 속에 불타고 싶어

조 해
한국가곡작사가협회 이사
한국음악저작권협회 회원
한국문인협회 회원
국제PEN 한국본부회원

홍매화紅梅花 외 2편

주 응 규

영롱한 빛 청명한 빛
살포시 번져 내리는
아름다운 자태 현란하도다

홀림에 도취하여
넋을 잃어 멀거니 바라보다
발갛게 마음을 불붙이는구려

정갈한 매무새 단아한 기품
매혹적 자태 황홀경이로세

붉은 입술에 사르르 퍼지는 미소
우아한 춤사위 나풀거리며
가뿐 가뿐히 오시네

간드러진 맵시 고와라
그윽한 향香 한껏 사르며
메마른 가슴에 잔물결
새포름히 울렁이게 하시네

봄 편지

밀려왔다 밀려가는 그리움을
눈물로 피웠다 지우기를
반복하며 편지를 씁니다

먼 날에 숨겨놓았던
사랑 이야기가
봄물에 씻겨나
삽시간에 번져납니다

햇볕을 머금어 찰랑대는
초록빛 물결을 축여
발그레 꽃물 듭니다

가슴 마디마디에 꽃망울 져
발록발록 터지는
야린 사랑의 숨결로
그대의 메마른 가슴에
봄꽃을 피우겠습니다

진달래꽃

햇살이 머물다가는 산바라지
기다림의 끝 가지에 그리움 맺어
핑크빛 꽃불을 사르는
우아한 자태가 고와서
황홀하여라

해 묵혀온 추억들이 산그늘처럼
쓸쓸히 밀려드는 외로운 날에
사뿐히 향기 밟아 오는
순결한 마음 빛이 맑아서
눈부셔라

까마득히 멀어져 간
첫사랑 소녀 같은
진달래꽃

주응규
한맥문학 시 부문·대한문학세계 시, 수필부문 등단
(사)창작문학예술인협의회 부이사장, 대한문인협회 부회장,
한국문인협회협력위원회 위원, 제4회윤봉길문학대상, 한국문학 대상,
시집 『人生은 詩가 되어 흐른다』 『삶이 흐르는 여울목』
『시간 위를 걷다』 『꽃보다 너』 수필집 『햇살이 머무는 뜨락』
가곡 「망양정」 가곡(16곡)개인작사 음반CD 출반 외, 120여곡 작사
✉ jueg1kr@hanmail.net ☎010-3067-6951
주소: 경기도 부천시 상동로25, 백송마을2712동 1501호

오선지에 옮겨라 외 1편

지 성 해

하얀 정적 아래 숨겨진 소용돌이
손끝 닿으면 솟아 흐르는 선율
좋은 시 새 옷 입고서 소리할 날 기다리는데

힘들여 지었지만 가는 획에 갇힌 시
얼마나 답답하면 미풍 안고 몸부림칠까
온몸에 음표 돋았으니 오선지에 옮겨라

오늘

한 박자 두 박자 들이쉬고 내쉬고
맥박 뛰는 이 시간 흐르는 피 뜨거워라
오늘은 창문 스치는 내일 향한 새 한 마리

어제 일 다 덮으며 펼쳐지는 길
용서와 기회로 따뜻하게 감싸니
오늘은 새로운 만남 열두 대문 열린다

둥근 얼굴 해님은 아침이면 바쁘다
네모로 자른 하늘 한 장씩 나눠 주며
종이가 모자란다며 정말 아껴 쓰란다

하나뿐인 지구

저 멀리 보이는 하늘 아름답다 말하지만
이 몸 발 디딘 이곳도 이어진 하늘 끝자락

밤하늘 가득 수많은 별들이 반짝이지만
이 땅은 비취옥翡翠玉으로 빛나는 하나뿐인 지구

바람이 불어오면 바다는 파도로 화답하고
구름이 이리저리 다니면서 눈비로 다독이면

꽃들은 소리 없이 금수강산錦繡江山 노래 부르고
중생들은 반짝이는 눈빛으로 하늘 본다오

지성해
한국가곡작사가협회 회원
상현문학회 회원
시조집 『들꽃 만남(2018)』
동인지 「이슬처럼 수정처럼」 「인생 시계」
「낙엽 눈물」 「동행」

비가 오는 날이면 외 2편

차 용 국

비가 오는 날이면
굽은 길 저편
심안心眼 밝은 나라로 가자

한 터널 지나면 새로운 세상의 문이 열리는데
어찌 허상의 그림 속에서
화석처럼 굳은 백골만 만지작거릴 일인가

비가 오는 날이면
나팔꽃도 붓꽃도 찔레꽃도 두건을 벗고 비를 맞는다
타는 목마름과 모진 기다림은 애절한 기우제였다

방울방울 맺힌 그리움의 속눈썹이
하늘하늘 흔들리는 오후의 강변에서
허명에 찌든 눈을 씻고 꽃들과 해후한다

꽃비

때 이른 봄바람이 가슴을 흔드는데
안양천 벚꽃 길에 꽃비가 내리네요

오신지
엊그제인데
벌써 가려 하나요

꽃비를 맞으면서 걸어가는 길가에
추억은 꽃잎마다 곱디곱게 피는데

흩어진
시간들은
새벽달만 같구나

담쟁이 날개를 펴다

더디긴 해도
걸어온 만큼 푸르고
걸어갈 만큼 푸름이 더해지니

내가 어디쯤 왔는지
알 수도 없거니와
설사 안 들 무엇하리

지금 어디에 있건
삶이 즐거우면 행복한 것
아, 이건 단순한 진리라네

후드득 비를 털고 일어서는
담쟁이
푸른 날개를 편다

차용국
여행산문집 『흔들릴 때면 경춘선을 타라』
시집 『호감-다 사랑이다』 『삶은 다 경이롭다』
『삶의 빛을 찾아』, 시조집 『사랑만은 제자리』
논문 「다문화 사회의 한국군의 과제와 역할에 관한 연구」 등
남명문학상, 신문예 평론 신인상 외 다수

인생 외 2편

채현석

꽃은 바람에 흔들리며
피고 지고
우리네 또한 세상 풍파
흔들리며 인생길을 걷지요

꽃 향기는 세상을 곱게 물들이고
마음은 사람의 향기를 담으며
살아가지요
인생길 걷다 보면
오르막 내리막을 만나게 되고

평탄한 길을 걷고 산다면
행복이란 즐거움을
알지 못하죠
힘겨움 속에 빛이 되는 행복
마음속에 공존한다는 걸
아시는지요

이른 아침 풀잎에 내린 이슬처럼
깨끗한 마음으로
바람결에 사라져도
미소 짓는 그런 삶
마음을 비우는 하루로
살고 싶네요

봄은 왔는데 님은 어디에

복사꽃 같이
화사한 당신
망울 망울 그리움이 맺히고

담장에 걸터앉은
개나리 꽃은
밤새 하늘에 그려 넣던
추억들이 걸려 있네요

진달래꽃 피어있는
고향 언덕배기에 잠든 당신
할미꽃으로 환생하여
동구 밖을 바라보며
기다림 속에 사시는구려

제비꽃 그리움을 품고
살구꽃 핀 고향을 그리면서
망향가를 불러본다

목련

봄바람 빗줄기에
깊은 잠 깨고 나와
창공에 고운 향기
담은 채 덩실덩실
백옥빛 치맛자락에
행복 여울 넘치네

채현석
사단법인 한국문인협회경북지회 회원, 선주문학 회원,
한국가곡작사가협회 회원, 계간 대한문학세계 시 부문 신인상 및 등단
한하운문학연구소 시조부문 우수상,
대한민국무궁화종합예술제 시부문 특선 입상,
대한민국 문화예술지도자 대상 수상
공저 「동행의길섶」, 「시인의 삶을 그리며」, 「샘터문학 감성시집」, 「토방구리」

어머니의 강 외 2편

최 숙 영

올해도 봄 동산에 진달래는 다시 피는데
내 맘속 강물처럼 흐르는 그리운 이름
어머니, 아! 어머니
세월이 흘러 지금 그 자리 내가 서 보니
얼마나 큰 바위였는지
얼마나 지극한 사랑이었는지
이제야 느꼈습니다.
이제야 사무칩니다

올해도 봄 동산에 두견새는 지저귀는데
내 맘속 눈물 되어 흐르는 그리운 이름
어머니, 아! 어머니
세월이 흘러 지금 그 자리 내가 앉으니
얼마나 거룩한 이름인지
얼마나 위대한 여인이었는지
이제야 알았습니다
이제야 가슴칩니다.

을숙도 갈대숲에서

한 치 흔들림 없이 초연超然하리라 마음하고
잊고 산 낭만을 찾아 홀로 떠난 가을 여행
을숙도 철새도래지 갈대꽃으로 피었다

곱게 물든 사색思索의 창가 명상에 잠겨도 보고
스쳐간 한 점 바람 물결치는 갈대숲에서
어쩌랴! 난들 어쩌랴! 여기서 흔들릴 밖에

철새들 둥지 틀고 또 떼지어 날아오르는
여기 침묵의 강, 속울음 우우 울다가
잃은 것 얻은 것 꺾어 한 아름 안고 돌아가야지

비 오는 날의 수채화 水彩畵

메마른 내 뜨락에 단비가 내립니다
촉촉이 젖는 애모愛慕 창가에 와 어립니다
물무늬 선연한 자리 수채화로 떠오릅니다

색색 물감 풀어 놓고 그리움을 칠합니다
잔잔히 스며드는 채색이고 싶습니다
돌아가 물들고 싶은 젊은 날의 초상肖像입니다

차마 잊을 수 없는 순수한 사랑입니다
새벽 풀잎에 맺힌 영롱한 이슬입니다
영원히 머물고 싶은 아름다운 영상입니다

최숙영
한국가곡작사가협회 편집위원 담당이사,
한국동요음악협회 작사분과 위원장
시조집 『북을 치듯이』 동시조집 『우리 집 철쭉꽃은』
2014 한국동요음악협회 제1회 개나리동요 대상
2016 제27회 KBS 창작동요대회 우수상

가을 강가에 서서 외 2편

최윤희

단풍잎 곱게 물던 가을 강가에 서서
초록 시절 고운 빛 가슴에 주워 담는다
고사리손 꼭 잡고 예쁜 정원 가꾸던
파릇한 청춘, 꿈 많은 세월 다 흘러가고
아~~ 아~~
목화꽃 꽃비 되어 꽃비 되어 가슴 적시네
노을빛 고운 가을 강가에 서서
건널 수 없는 강물 앞에서
시간은 약을 내밀고
세월은 마차가 되어 끌고 갑니다

물안개 흐르는 가을 강가에 서서
품을 떠난 자식들 그리움에
얼굴엔 잔주름이 하나둘 포개지고
우리에게 남은 것은 기억의 깜부기뿐
아~~ 아~~
국화꽃 꽃비 되어 꽃비 되어 가슴 적시네
노을빛 고운 가을 강가에 서서
건널 수 없는 강물 앞에서
시간은 약을 내밀고
세월은 마차가 되어 끌고 갑니다

부부

혼자서는 살 수가 없다
한 몸이 또 한 몸 옆에
같이 있어야 역사는 이루어진다

당신이 부족한 점 내가 채워주면서
내가 부족한 점 그대가 보태주면서
비단결같이 곱게 살아야 한다

비바람 몰아치는 바다에서
둘이 함께 마음 합하여
오순도순 호흡 맞추며 살아야 한다

일출과 노을처럼 아름답고 정다운
둘이서 하나인 철길 같아서
두 사람 마음이 곧아야 한다

사랑합니다 사랑합니다

내겐 당신은 영원한 고향
그대와 같이 금빛 향기
가슴에 보듬고
이 세상 끝나는 날까지
함께 갈 사람 당신뿐입니다

안개꽃

아지랑이 너울대는
비단 바람 부는 언덕에
한 무리 안개꽃
꺾여서 말려도
네 모습 곱구나

백합도 꺾여지면
고개를 떨구는데
안개꽃 너는
삶과 저승이 똑같구나

하늘에 계신 울 엄마도
네 모습 마냥
질화로 불씨처럼
살아올 수 없을까

최윤희
시인, 낭송가, 가곡작사가
한국가곡작사가협회 회원
시의 숲길을 걷다 회원
저서 『앉아서 사는 여자』
다음검색☞ 저작자 표시컨텐츠변경비영리

그대가 꽃이라면 외 2편

최 종 원

그대가 꽃이라면 그대가 꽃이라면
나는 꽃송이를 받쳐든 파란 잎
뜨거운 불볕을 가려주고
사나운 비바람 막아주는
파란 잎 파란 잎 파란 잎
꽃을 위해 태어난 숙명의 동반자
꽃과 함께 한생을 꽃처럼 살리라
사는 동안 사는 동안 나도 꽃이 되리라

그대가 꽃이라면 그대가 꽃이라면
나는 꽃송이를 감도는 꽃바람
꽃송이 춤추는 바람으로
꽃향기 날리는 바람으로
파랗게 노랗게 불리라
꽃을 위해 태어난 숙명의 동반자
꽃과 함께 한생을 꽃바람 불리라
부는 동안 부는 동안 나도 꽃이 되리라

사랑의 노트

사랑의 기쁨은 순간이지만
사랑의 슬픔이 영원하다오
목숨으로 지켜가는 불사조처럼
순결한 사랑으로 치유해야죠

사랑의 열정이 뜨거울수록
사랑의 상처도 깊어지지만
사랑 없이 살아가는 인생보다
상처 많은 인생도 못하지 않다

아 사랑은 영원한 인생의 버팀목
해달처럼 변함없이 행복하게 살아가요

인생 찬가

지나간 옛일이 후회될 때면
천연 향기 풍기는 들꽃을 보오
앞날이 두려울 때 하늘 우러러
흰 구름에 마음을 실어 보내오

그리움이 사무칠 때 강물을 보고
일엽편주 배 띄워 바다로 보내오
마음이 괴로울 때 산에 올라가
숲속의 새들처럼 노래 부르오

세상은 아름답고 인생은 즐거워라
참된 삶의 노래 곱게 곱게 써 가야지

최종원
재한동포문인협회 이사
한국가곡작사가협회 회원
한국음악저작권협회 회원
한국문인협회 회원

인연 외 2편

하 옥 이

한 사람이 한 사람을 만나고
한 사람이 한 시대를 사랑한다면
그 인연과 역사는 천 년 전에 이뤄진 걸까
역사를 반전이라고 한다면
인연의 역사는 순리일까
소중한 한순간들이 모여
세월의 강을 이루고
다시 역사가 이어진다면
우리가 만나서 하는 일들은
너무나 소중한 시간이 아니겠는가
어디 시간뿐인가
인연의 역사는 다시 시작되고
다시 오는 천년을 이을 것이니
어찌 소홀히 이 순간들을 보낼 수 있겠는가
저녁 하늘은 더 높아지고
우리의 하늘은 더 넓게 열려
후천의 세계에 이어지는 사랑의 역사
같이 있는 곳 같이인 것에서부터
같은 바람이 같은 방향으로 가는 것을 본다
그것이 찬란한 빛을 받으며
아름다운 세상을 여는 것도 본다

행복한 고통

가을하늘은
근심을 다 씻은 듯
거울같이 투명하다

기도 소리 들리는
당신의 고요한 성전을
찾아보고도 싶지만

새들이 노래하고
나무들이 춤추는
세상이 더 즐겁다

때론 창살 없는 감옥이라지만
자유가 넘치는 건강한 삶은
행복한 고통

약속된 그 나라

나의 일생이
세상에만 있는 것 아니다
세상일을 앞세우며
욕심이 지나칠 때
조용히 말씀으로
깨달음 주는 당신은
어려운 일 당해도
슬픈 소리 내지 말라 하신다
우리를 위해
예비된 사후세계
지은 죄 많아도
두 손 잡아주는 당신의 사랑

후렴
우리를 위해
예비된 사후세계
지은 죄 많아도
두 손 잡아주는 당신의 사랑

하옥이

한국현대시인협회 이사, 국제펜 한국본부 심의위원,
한국가곡작사가협회 고문, 중앙대문인회 사무차장
시집 『숨겨진 밤』 외 다수
가곡집과 음반독집 『별이 내리는 강언덕』 외 다수
전)청파초등학교, 남부교육청, 사건25시신문사
현)《신문예》 주간 도서출판 책나라 대표

꿈길로 오소서 외 2편

한 문 수

봄이 오면 그대 생각에 찾아오는 이 거리
웃음으로 맞아주며 손을 내밀던 그대 모습
아 아 그리워 그리워
오늘 밤은 꿈길로 오소서
없어도 있는 듯이 있어도 없는 듯이
아~ 임이여
꿈길로 오소서

가을이면 그대 생각에 다시 찾는 이 거리
파란 하늘가에 흰구름으로 떠가는 당신 모습
아 아 그리워 그리워 오늘 밤은 꿈길로 오소서
있어도 없는 듯이 없어도 있는 듯이
아 임이여
꿈길로 오소서

한라산

수평선을 가슴에 품고
천년의 물살을 가르는 바위섬

파란 하늘가 바람에 몸을 맡기고
흘러 흘러 흐르다가
백록담에 내려앉은 흰구름

구름 꽃이 피었네
하늘 꽃이 피었네

천년의 바다를 두르고
물살을 헤쳐가는 바위섬
한라산 백록담 산정에 우뚝 선
노루 한 마리
발밑에서는 송이 송이

구름 꽃이 피어난다
하늘 꽃이 피어난다

나는 바람이 되고 싶네

이렇게 맑은 날이면 바람이 되고 싶네
오라는 곳 없어도 들판을 달리고 싶어
새싹들을 보듬으며 사랑도 나누어 보고
떠나는 이웃들의 야윈 꿈도 보듬어가며
천년을 떠도는 바람이 되고 싶어지네

이렇게 맑은 날이면 바람이 되고 싶어
오라는 곳 없어도 들판을 달리고 싶어
형체도 소리도 향기마저도 없는 당신이여
봄이면 산과 들에 피는 꽃잎에 물들어
새싹을 틔우는 바람이 되고 싶어지네
천년을 떠도는 바람이 되고 싶다

한문수
한국문협·국제펜클럽 회원, 한국가곡작사가협회 이사

노란 수선화 외 2편

홍윤표

네 이름을 불러줄 초봄의 꽃
수선화여, 노란 수선화여
그대는 고독했던 하얀 겨울 속에서
눈 내리는 시름을 견디면서
숭고하게 태어난
천지에 꽃향기를 아시나요
가녀린 소녀처럼 실바람에 살랑살랑
비었던 터 살려가며 계절을 노래하니
쓸쓸했던 텃밭이 화려해요
여인의 순결처럼 행복이 넘쳐나요
수선화 노란 수선화
언제나 신비로운 안마당에 꽃이 되어
새봄을 연주하는 봄날의 꽃
고결한 이름으로 그대를 품어오리
봄바람 솔솔 불어 벌 나비
피어나는 내 사랑 수선화여
내 사랑 수선화여

그리운 바다

석양은 붉어서 바다에 물드는 날엔
부서진 파도는 황혼에 젖어드네
울다가 지치면 눈물이 마를까
좁다란 오솔길 지나 나는야 바다로 간다

바다는 황혼을 묻어두는 서빙고
언덕 아래 들려오던
아버지의 하얀 목소리는
오랜 어부의 뱃노랜가 가슴을 적시네

갯벌을 캐다 돌아오는 어머니 사랑
해안선을 눕는 저녁노을은
갈매기도 바다가 그리워 한가로이 돌고 돈다

늦은 오후 흐르는
석양을 짊어지고 바다로 가니
외로이 돌아오는 어머니 발길은
언제나 그리운 바다, 그리운 바다여

길

사랑이란 고운 말은 아름다운 목소리지
믿음 없는 사랑에 어디 있으랴
산에 들에 피고 지는 작은 풀꽃들
꽃길 타고 사랑 길로 떠나요

사랑은 가난해도 부자라도
차별 없이 너그러운 아름다운 목소리지
나와 나 주고받는 신비로운 울림들
그 울림은 사랑의 목소리
사랑의 길이여

사랑은 정답게 떠도는 소박한 행복감에
언제나 어디서나 정답게 들려오는 여운에
사랑은 물들수록 깊어지는 연리지요
꽃말처럼 풀어주는 사랑의 목소리여
사랑의 길이여

지송池松 **홍윤표**洪胤杓
시인, 아동문학가, 명예문학박사, '50충남당진출생
'90문학세계, 시조문학, 소년문학 신인상
시집 『겨울나기』 『당진시인』 『붉은 무지개』
『그래도 산은 아미산』 외 다수
(사)한국문협자문위원, 국제펜한국본부 이사, 한국시인협회,
한국가곡작사가협회, 충남시인협회, 충남문인협회원
충남펜문학 고문. 당진시인협회장
㉾31776 충남 당진시 당진중앙2로 79(2층 읍내동, 당진시인협회)
☎010-7434-3844 / 집041)355-3844 ✉sanho50@hanmail.net

부록

Ⅰ. 한국가곡작사가협회 정관
Ⅱ. 한국가곡작사가협회 연혁
Ⅲ. 노래시집 발간 현황
Ⅳ. 역대 회장 명단
Ⅴ. 역대 한국가곡예술인상 수상자 명단
Ⅵ. 2022년 회원 명부
Ⅶ. 회가

Ⅰ. 한국가곡작사가협회 정관

제1장 총 칙

제1조(명칭) 본 협회의 명칭은 비영리민간단체 「한국가곡작사가협회」 (이하 '본 회')라 한다.

제2조(사무소의 소재지) 본 회의 사무소는 서울특별시에 두며, 필요한 곳에 지회 및 지부를 둘 수 있다.

제3조(목적) 본 회는 가곡 작곡가들에게 좋은 가사를 제공하여 가곡을 창작할 기회를 넓혀주고, 이를 널리 보급하여 국민의 정서를 아름답게 함양케 하는 데 그 목적이 있다.

제4조(사업) 본 회는 제3조의 목적을 달성하기 위하여 다음과 같은 사업을 시행한다.
① 노래 시집 및 악보집 발행
② 한국 가곡에 관련된 강연회, 연구 발표회 등 개최
③ 국민정서 함양을 위한 창작가곡제 등 음악발표회 개최
④ 한국 가곡 부르기 등 보급 활동 전개
⑤ 기타 본 회의 목적 달성에 필요한 사업

제2장 회원

제5조(회원의 자격) 본 회의 회원은 본 회의 목적에 찬동하는 시인으로, 회원 자격 및 입회 절차는 다음과 같다.
① 본 회의 회원이 되기 위해서는 등단 1년 이상의 경력자 또는 창작시집을 간행한 자로서, 임원의 추천을 받아 소정의 입회원서를 사무국에 제출하여야 한다.
② 회원의 입회는 회장단에서 심의 후 결정한다.
③ 회원으로 입회 승인을 받은 자는 본 회가 정한 입회비와

연회비를 납부하여야 한다.

제6조(회원의 권리)
① 회원은 총회를 통하여 본 회의 운영에 참여할 수 있다.
② 선거권과 피선거권을 갖는다.
③ 본 회의 제반 활동에 참여할 권리를 갖는다.
　단, 회비를 납부하지 않은 회원은 제6조 회원의 권리를 행사할 수 없다.

제7조(회원의 의무) 회원의 의무는 다음과 같다.
① 본 회의 정관, 규정 및 제반 의결사항 준수
② 정한 기간 내에 일정한 작품 제출
③ 입회비, 연회비 및 각종 참가비 등 납부
④ 본 회 행사에 적극 참여
⑤ 회원으로서의 명예와 품위 유지

제8조(회원의 자격 상실)
① 회원은 본인의 의사에 따라 자진 탈퇴할 수 있다.
② 회원이 다음 각호의 사유에 해당할 경우 회장단의 의결을 거쳐 제명할 수 있다.
1. 정당한 사유 없이 연회비를 2회 이상 납부하지 않을 경우
2. 본 회의 명예를 심히 실추시켰을 경우
③ 탈퇴 또는 제명으로 회원의 자격을 상실한 자는 본 회 회원으로 재입회할 수 없으며 이미 납부한 입회비, 연회비 등은 반환하지 않는다.
　단, 본인의 건강상 이유로 부득이 활동할 수 없을 경우에는 본인의 의사에 따라 회원으로서의 권리는 일단 중단되며, 회복되었을 경우에는 회원으로서의 권리를 다시 행사할 수 있다.

제3장 임원과 기관

제9조(임원과 기관)
① 본 회에는 아래와 같이 임원을 둔다.
1. 회장 1명
2. 수석부회장 1명
3. 부회장 10명 내외
4. 감사 2명
② 본 회는 회장을 역임한 자를 고문으로 둔다.
③ 본 회의 필요에 따라 자문위원과 지도위원 및 특별부서를 둘 수 있다.

제10조(임원의 선출과 임기)
① 임원의 선출 방법은 다음과 같다.
1. 회장은 고문단에서 선출, 총회에 보고한다.
2. 부회장, 사무총장은 회장이 선임, 총회에 보고한다.
3. 감사는 총회에서 선출한다.
② 임원의 임기는 다음과 같다.
1. 회장의 임기는 2년으로 하되 1회에 한하여 연임할 수 있다. 임기 중 결원이 생긴 때에는 수석부회장이 보선 전까지 그 직무를 대행하고 보선된 회장의 임기는 전임자의
잔여기간으로 한다.
2. 감사의 임기는 2년으로 한다.

제11조(임원의 직무) 본 회 임원의 직무는 다음과 같다.
① 회장은 본 회를 대표하며 모든 업무를 총괄한다.
② 수석부회장과 부회장은 회장을 보좌하며 회장단 회의를 통하여 본 회의 업무에 관한 사항을 심의·의결하고 회장의 유고 시에는 수석부회장이 회장의 직무를 대행한다.
③ 감사는 본 회의 제반 운영 및 회계를 감사하여 정기총회에 보고한다.

제12조(고문단)
① 고문단은 회장을 역임한 고문들로 구성하고 본 회의 회장을

선출하는 권한을 가진다.
② 고문단의 의장은 역대 최선임 회장이 맡는 것을 원칙으로 하되 역대 최선임 회장의 유고 시에는 차 선임 회장이 대행한다.
제13조(회장단) 회장단은 회장, 수석부회장과 부회장, 고문으로 구성한다.

제4장 회의

제14조(총회)
① 총회는 정기총회와 임시총회로 구분하며, 정기총회는 매년 1회 회계 연도 종료 후 2개월 이내에 회장이 소집하고, 임시총회는 회장이 필요하다고 인정하거나 재적 회원 3분의 1 이상의 서면 요청이 있을 때 회장이 소집한다. (단, 코로나19 거리두기와 같이 장기간 모임을 가질 수 없을 때에는 단톡방 회의를 진행할 수 있다)
② 총회에서 의결하는 사항은 다음과 같다.
1. 정관 개정에 관한 사항
2. 감사 선출
3. 예산 및 결산의 승인
4. 사업계획의 승인
5. 기타 중요 사항

제15조(의결 정족수)
① 총회는 재적 회원 3분의 1 이상의 출석으로 성립되고 출석회원 과반수의 찬성으로 의결하며, 가부 동수의 경우 의장이 결정한다.
② 의결권을 서면이나 문자로 위임할 수 있다.
제16조(회장단 회의)
① 회장이 필요시 회장단 회의를 소집하여 사업 계획 및 회무를 심의·의결한다.

② 회장단 회의는 구성원 과반수의 출석으로 개회하고 출석 회원 과반수의 찬성으로 의결하며, 가부 동수의 경우 회장이 결정한다.

제5장 사무국

제17조(조직 및 운영)
① 본 회의 제반 사항과 사무를 집행하기 위하여 사무국을 둔다.
② 사무국에 사무총장 1명, 사무국장 1명, 사무차장 2명, 간사 1명을 둘 수 있으며 회장이 임명한다.
③ 사무총장 유고 시 사무국장은 이를 겸할 수 있다.
④ 사무총장은 회장을 도와 본 회의 제반 업무를 총괄한다.
⑤ 사무국장은 사무총장을 도와 본 회의 제반 사업과 사무를 추진한다.
⑥ 사무차장과 간사는 사무국장을 도와 본 회의 제반 사업과 사무를 관리한다.

제6장 각 위원회와 부설 기관

제18조(위원회와 업무)
① 본 회의 업무를 수행하기 위하여 다음의 각 위원회를 두고 업무를 분담한다.
1. 기획위원회 : 본회 사업에 관한 일을 기획하고 조정한다.
2. 운영위원회 : 본회 운영에 관한 일을 담당한다.
3. 윤리위원회 : 본회의 윤리 관련 사항과 회원의 포상, 징계 업무 등을 담당한다.
4. 권익위원회 : 본 회와 회원의 권익에 관한 일을 담당한다.
5. 대외협력위원회 : 본 회의 목적 달성을 위한 대외적인 협력 업무를
전담한다.
6. 국제문화위원회 : 한국문학과 음악의 국제교류를 위한 사업을

담당한다.
7. 전통문화위원회 : 한국 현대시와 음악과의 관계와 발전을
   위한 문화적 전통을 연구하고 활용하는 일을 담당한다.
8. 홍보위원회 : 본 회와 회원을 위한 대외적인 홍보를 담당한다.
9. 편집위원회 : 본 회에서 발간하는 각종 도서와 출판물 등의
   기획과 편집을 담당한다.

제7장 회계 및 재정

제19조(수입금) 본 회의 운영기금은 회원의 회비(연회비와
   입회비 및 각종 참가비)와 찬조금, 후원금, 정부지원금 등으로
   충당한다.
제20조(회계 연도) 본 회의 회계 연도는 매년 1월 1일부터 당해
   연도 12월 31일로 한다.

제8장 보칙

제21조(시행 세칙) 본 회의 운영에 필요한 시행 세칙을 회장단
   회의에서 정한다.
제22조(준용 관례) 본 정관에 규정되지 아니한 사항은 통상
   관례에 따른다.

부칙

제1조(시행일) 본 정관은 1990년 5월 24일(창립일)로부터
   시행한다.
제2조(개정)
   1차 개정 : 본 회칙은 1993년 1월 26일로부터 시행한다.
   2차 개정 : 본 회칙은 1994년 1월 19일로부터 시행한다.
   3차 개정 : 본 회칙은 2000년 1월 25일로부터 시행한다.
   4차 개정 : 본 회칙은 2004년 3월 12일로부터 시행한다.

5차 개정 : 본 회칙은 2006년 2월 3일로부터 시행한다.
6차 개정 : 본 회칙은 2006년 6월 9일로부터 시행한다.
7차 개정 : 본 회칙은 2008년 2월 22일로부터 시행한다.
8차 개정 : 본 회칙은 2015년 4월 25일로부터 시행한다.
9차 개정 : 본 회칙은 2018년 2월 25일로부터 시행한다.
10차 개정 : 본 정관은 2019년 2월 16일부터 시행한다.
11차 개정 : 본 정관은 2022년 7월 1일부터 시행한다.

Ⅱ. 한국가곡작사가협회 연혁

창립 : 1990. 5. 24 시인, 수필가 등 24명이 모여 창립
제1회 : 1992. 12. 2 호암아트홀 (한국작곡가회 주최,
　　　　문화진흥원 후원)
제2회 : 1993. 11. 26 호암아트홀 (한국작곡가회 주최,
　　　　문화진흥원 후원)
제3회 : 1994. 4. 21 세종문화회관대강당 (서울시향,
　　　　서울시립합창단협연)
제4회 : 1994. 9. 23 예술의전당 음악당제 1회 서울창작가곡제
제5회 : 1995. 4. 24 부산시민회관대강당(서울시향,
　　　　서울시립합창단 협연)
제6회 : 1995. 8. 9 예술의전당 음악당-광복 50주년 기념
　　　　제2회 서울창작가곡제
제7회 : 1995. 9. 2 유림아트홀 (인천작곡가회와 합동주최)
제8회 : 1995. 10. 14 문예회관 대강당 (부산작곡가회와 합동
　　　　주최)
제9회 : 1995. 11. 9 호암아트홀 (배달녹색연합회)
제10회 : 1996. 6. 6 전북예술회관 (전주작곡가회와 합동
　　　　주최)
제11회 : 1996. 7. 15 제3회 서울창작가곡제 (세종문화회관)
제12회 : 1996. 8. 16 서울중등가곡사랑회와 합동,
　　　　창작가곡발표(리틀엔젤스예술회관)

제13회 : 1996. 10. 7 합창곡 발표 (리틀엔젤스 예술회관)
제14회 : 1996. 10. 27~28 국립극장 (중앙국립관현악단과
    합동)
제15회 : 1997. 6. 2 제4회 서울창작가곡제 호암아트홀
    (한국작곡가회와 합동)
제16회 : 1997. 6. 30 서울중등가곡사랑회와 합동,
    창작가곡발표회 (문예회관 대극장)
제17회 : 1997. 7. 2 인천예술회관 (인천작곡가회 합동)
제18회 : 1998. 5. 12 부산문예회관 (부산작곡회화 합동)
제19회 : 1998. 6. 4 문예회관 대극장 (서울중등가곡사랑회와
    합동)
제20회 : 1998. 10. 22 제5회 서울창작가곡제 (여의도
    KBS홀)
제21회 : 1999. 5. 20 춘천문화회관 (전북작곡가회 주관)
제22회 : 1999. 6. 14 제6회 서울창작가곡제 (연세대 100주년
    기념관)
제23회 : 1999.10. 7 전북예술회관 (전북작곡가회 주관)
제24회 : 2000.11. 6 제7회 서울창작가곡제 (국립극장)
제25회 : 2001. 9. 19 제8회 서울창작가곡제 (국립극장)
제26회 : 2002. 5. 14 부산금정문화회관 (한국음악연구회,
    작악회협찬)
제27회 : 2002. 10. 22 제9회 서울창작가곡제 (국립극장)
제28회 : 2002. 11.12 제9회 서초구민회관
    (서울중등가곡사랑회)
제29회 : 2003. 10. 21 제10회 서울창작가곡제 (명동
    꼬스트홀)
제30회 : 2004. 12. 6 제11회 서울창작가곡독창제 (국립극장
    달오름극장)
제31회 : 2005. 9. 2 제6회 서울창작가곡합창제 (국립극장
    달오름극장)
제32회 : 2005.11.11 제 12회 서울창작가곡독창제
    (백석아트홀)

제33회 : 2006. 6. 16 제7회 서울창작가곡합창제 (국립극장
　　　　달오름극장)
제34회 : 2006. 10. 27 제13회 서울창작가곡독창제 (명동성당
　　　　꼬스트홀)
제35회 : 2007. 6. 30 제8회 서울창작합창제 (백석아트홀)
제36회 : 2007. 11. 9 제14회 서울창작가곡제 (명동성당
　　　　꼬스트홀)
제37회 : 2008. 9. 26 제9회 서울창작가곡합창제 (명동
　　　　꼬스트홀)
제38회 : 2008. 12. 16 제15회 서울창작가곡독창제 (명동
　　　　꼬스트홀)
제39회 : 2009. 9. 18 제10회 서울창작가곡합창제
　　　　(장천아트홀)
제40회 : 2009. 11. 15 제16회 서울창작가곡독창제
　　　　(세종문화회관　체임버홀)
제41회 : 2010. 10. 21 제11회 서울창작가곡합창제
　　　　(백석아트홀)
제42회 : 2010. 11. 26 제17회 서울창작가곡독창제
　　　　(백석아트홀)
제43회 : 2011. 9. 19 제12회 서울창작가곡합창제
　　　　(중앙대학교 아트센터 대극장)
제44회 : 2011. 10. 27 제18회 서울창작가곡독창제
　　　　(ArteTV연주홀)
제45회 : 2012. 9. 24 제13회 서울창작가곡합창제
　　　　(백석아트홀)
제46회 : 2012. 11. 9 제19회 서울창작가곡독창제 (아르떼홀)
제47회 : 2013. 9. 9 제14회 서울창작합창제 (백석아트홀)
제48회 : 2013. 12. 5 제20회 서울창작가곡제 (중앙대학교
　　　　아트센터)
제49회 : 2014. 9. 27 제15회 서울창작가곡합창제
　　　　(백석아트홀)
제50회 : 2014. 11. 6 제21회 서울창작가곡독창제 (예술의전당

　　　　　리사이트홀)
제51회 : 2015. 9. 15 제16회 서울창작합창제 (백석대학교)
제52회 : 2015. 11. 16 제22회 서울창작가곡제
　　　　　(서초구민회관)
제53회 : 2016. 9. 21 제23회 서울창작가곡제 (중앙대학교
　　　　　아트센터대극장)
제54회 : 2016. 9. 27 제5회 중등 독창제(왕십리 소월아트홀)
제55회 : 2016. 12. 8 제17회 서울창작합창제(중앙대학교
　　　　　아트센터 대극장)
제56회 : 2017. 9. 26 제18회 서울창작합창제 (최양업홀)
제57회 : 2017. 11. 30 제24회 서울창작가곡제 (최양업홀)
제58회 : 2018. 9. 18 제6회 중등독창제 (나루아트센터
　　　　　소공연장)
제59회 : 2018. 10. 2 제19회 서울창작합창제 (최양업홀)
제60회 : 2018. 12. 5 제25회 서울창작가곡제 (영산아트홀)
제61회 : 2019. 11. 8 대한민국가곡·합창제 (세라믹 팔레스홀)
　　　　　[제26회 서울창작가곡제 & 제20회 서울창작합창제]
제62회 : 2020. 11. 6 대한민국가곡·합창제 (영산아트홀)
　　　　　[제27회 서울창작가곡제 & 제21회 서울창작합창제]

Ⅲ. 노래시집 발간 현황

제1집 : 꿈꾸는 40인의 노래(1990년)
제2집 : 그리움으로 피는 40개의 꽃송이(1991년)
제3집 : 시가 흐르는 노래의 강물(1993년)
제4집 : 시와 그리움의 노래(1994년)
제5집 : 한 자락 꿈은 노래가 되어(1996년)
제6집 : 시는 노래가 되어(1997년)
제7집 : 시는 노래가 되어(1998년)
제8집 : 시는 노래가 되어(1999년)

제9집 : 시는 노래가 되어(2001년)
제10집 : 시는 노래가 되어(2002년)
제11집 : 시는 노래가 되어(2003년)
제12집 : 시는 노래가 되어(2004년)
제13집 : 시는 노래가 되어(2005년)
제14집 : 시는 노래가 되어(2006년)
제15집 : 시는 노래가 되어(2007년)
제16집 : 시는 노래가 되어(2008년)
제17집 : 시는 노래가 되어(2009년)
제18집 : 시는 노래가 되어(2010년)
제19집 : 시는 노래가 되어(2011년)
제20집 : 시는 노래가 되어(2012년)
제21집 : 시는 노래가 되어(2013년)
제22집 : 시는 노래가 되어(2014년)
제23집 : 시는 노래가 되어(2015년)
제24집 : 시는 노래가 되어(2016년)
제25집 : 시는 노래가 되어(2017년)
제26집 : 시는 노래가 되어(2018년)
제27집 : 시는 노래가 되어(2019년)
제28집 : 시는 노래가 되어(2020년)
제29집 : 시는 노래가 되어(2021년)
제30집 : 시는 노래가 되어(2022년)

Ⅳ. 역대 회장 명단

제1대 : 엄원용 1990년 5월 – 1992년 5월
제2대 : 엄원용 1992년 5월 – 1994년 5월
제3대 : 엄원용 1994년 5월 – 1996년 5월
제4대 : 박영원 1996년 5월 – 1998년 2월
제5대 : 박영원 1998년 2월 – 2000년 2월
제6대 : 박영원 2000년 2월 – 2002년 2월

제7대 : 박영원 2002년 2월 - 2004년 2월
제8대 : 송문헌 2004년 2월 - 2006년 2월
제9대 : 송문헌 2006년 2월 - 2008년 2월
제10대 : 송문헌 2008년 2월 - 2010년 2월
제11대 : 송문헌 2010년 2월 - 2012년 2월
제12대 : 이광녕 2012년 2월 - 2014년 2월
제13대 : 하옥이 2014년 2월 - 2016년 2월
제14대 : 하옥이 2016년 2월 - 2018년 2월
제15대 : 하옥이 2018년 2월 - 2020년 2월
제16대 : 김석근 2021년 2월 - 현재

V. 역대 한국가곡예술인상 수상자 명단

제1회 엄원용, 박영원 시인(2014)
제2회 이광녕, 박영만 시인(2015)
제3회 이난오, 신영옥 시인(2016)
제4회 이영린, 노유섭 시인(2017)
제5회 이한현, 지성해 시인(2018)
제6회 김화인, 곽금남 시인(2019)
제7회 하옥이, 전산우 시인(2020)
제8회 임승대, 장미숙 시인(2021)

VI. 2022년 회원 명부(132명)

고　　문 : 엄원용, 박영원, 이광녕, 하옥이
자문위원 : 김윤숭, 박영만, 신영옥, 이난오, 구용수, 지성해
회　　장 : 김석근
수석부회장 : 임승대
부 회 장 : 구준모, 류한상, 박영애, 장미숙
감　　사 : 이한현, 전산우
사무총장 : 김도연
사무국장 : 강에리

사무차장 : 정미송
편집담당 이사 : 곽금남, 차용국
연주담당 이사 : 이희선, 이민숙
시낭송담당 이사 : 서랑화, 안선희, 윤혜정
문화탐방담당 이사 : 이미옥, 전호영
기획담당 이사 :
영상담당 이사 : 문진곤, 신상철, 전세중
홈페이지운영 이사 : 정희정
언론담당 이사 :
윤리담당 이사 : 윤준경, 오태남, 이원술

이사 :

권혁수, 공영란, 김미형, 김시은, 김수찬, 김연하, 김영주, 김재규,
김재원, 김현숙, 나창수, 남민옥, 문경훈, 민서현, 민선숙, 박원혜,
박정재, 박종대, 박종용, 박하린, 박현수, 배건해, 배병군, 백성섭,
서덕동, 서수을, 서장목, 소양희, 신충훈, 신홍섭, 양점숙, 유 형,
이기영, 이병두, 이시중, 이영애, 이유걸, 이유리, 이창미, 이혜자,
임재화, 장윤숙, 전성규, 전정희, 전재승, 정광남, 정해명, 조영황,
조병욱, 조 해, 주응규, 진 일, 최 선, 채현석, 한문수, 한명희,
한양수, 한진섭, 홍윤표, 고정현, 오수경 (61명)

회원 :

권선오, 김민정, 김수명, 김현철, 문상금, 박난해, 박남권, 박성수,
박현미, 배윤하, 성명순, 성봉수, 신계전, 신영일, 오석주, 오연복,
유영철, 이광용, 이승정, 이영린, 이율리, 이정규, 이혜정, 전관표,
정 숙, 정정희, 정하윤, 조만희, 최숙영, 최종원, 최윤희, 이복현,
류준식, 이금미 (34명)

Ⅶ. 한국가곡작사가협회 회가

엄원용 작시
정영택 작곡

노래시 제30호
2022 시는 노래가 되어

초판인쇄 2022년 5월 10일
초판발행 2022년 5월 12일

지 은 이 한국가곡작사가협회
펴 낸 곳 시지시
발 행 인 김석근
편집위원 곽금남 김도연 임승대 차용국

등   록 제2002-8호 (2002. 2. 22)
주   소 ⓟ 10364
          경기도 고양시 일산동구 호수로 688. A동 410호
홈페이지 www.jaksaga.com
카   페 https://cafe.daum.net/hangukgagokjsg1990
전   화 010-4045-4788
이 메 일 dyjng1@naver.com

값 20,000원

ⓒ 한국가곡작사가협회, 2022
ISBN 978-89-91029-73-6

＊작곡을 원하시는 작곡가는 한국가곡작사가협회나
  회원에게 문의하시기 바랍니다